BERNHARD WOLF

Zur Bedeutung der finanziellen Infrastruktur in Entwicklungsländern

Volkswirtschaftliche Schriften

Herausgegeben von Prof. Dr. Dr. h. c. J. Broermann, Berlin

Heft 342

Zur Bedeutung der finanziellen Infrastruktur in Entwicklungsländern

Von

Dr. Bernhard Wolf

DUNCKER & HUMBLOT / BERLIN

CIP-Kurztitelaufnahme der Deutschen Bibliothek

Wolf, Bernhard:
Zur Bedeutung der finanziellen Infrastruktur in Entwicklungsländern / von Bernhard Wolf. —
Berlin: Duncker und Humblot, 1984.
(Volkswirtschaftliche Schriften; H. 342)
ISBN 3-428-05578-0

NE: GT

Gedruckt 1984 bei Zippel-Druck, Berlin 26
Printed in Germany

ISBN 3-428-05578-0

Meinen Eltern

Vorwort

Die vorliegende Arbeit entstand während meiner Tätigkeit an der Hochschule für Verwaltungswissenschaften Speyer. Sehr hilfreich war die Möglichkeit zur Nutzung der EDV-Anlage der Hochschule. Den Mitarbeitern der Deutschen Bundesbank und der Kreditanstalt für Wiederaufbau Frankfurt danke ich für ihre Hilfe bei der Beschaffung von Literatur und empirischen Daten. Mein besonderer Bank für zahlreiche Diskussionsbeiträge und Anregungen gilt Herrn Prof. Dr. Dieter Duwendag und Herrn Dr. Herbert Sperber, ebenso Frau Karola Pfeiffer für die Anfertigung des Manuskripts.

Speyer, 16. März 1984 *Bernhard Wolf*

Inhaltsverzeichnis

Tabellenverzeichnis

Verzeichnis der Abbildungen

A. Einleitung und Problemstellung

Mit dem Begriff „Entwicklungsländer“ assoziiert man meistens wirtschaftliche „Armut“. Es ist dies das wohl wichtigste Merkmal der Länder der Dritten Welt, wie sie häufig auch genannt werden. Nach der gebräuchlichsten Abgrenzung versteht man darunter Länder, bei denen das Sozialprodukt pro Kopf unterhalb einer bestimmten Schwelle liegt.[1] Eine solche Definition wirft weitere Fragen auf: Beispielsweise, wo liegt diese Schwelle genau? Oder inwieweit ist das Sozialprodukt pro Kopf überhaupt als Indikator für wirtschaftlichen Wohlstand geeignet? Wäre es nicht besser, ein System mit vielen Indikatoren zu benutzen, um die wirtschaftliche Situation von Ländern und ihren Einwohnern zu beschreiben? Ferner lassen sich die Entwicklungsländer wiederum in ein Spektrum einordnen, das von den Ärmsten der Armen bis hin zu den sog. Schwellenländern reicht, die ein akzeptables Wohlstandsniveau erreicht haben. Auf diese Definitions- und Abgrenzungsprobleme soll hier nicht näher eingegangen werden. Für die weitere Vorgehensweise genügt die obige Definition.

Die Entwicklungstheorie hat im Laufe der Zeit eine Fülle von Erklärungen für Armut und Unterentwicklung geliefert, die im folgenden kurz angesprochen werden sollen.[2] So wird gesagt, manche Länder seien arm, weil sie von der Natur benachteiligt wurden, weil ihnen Bodenschätze, landwirtschaftliche Nutzfläche, Wasser usw. fehlen. Tatsächlich gibt es jedoch zahlreiche Länder, die dieses Los getroffen hat und die es dennoch zu einem beachtlichen Wohlstand gebracht haben (z. B. Japan, Taiwan oder Israel). Und andererseits gibt es Länder mit günstigsten natürlichen Voraussetzungen, die zumindest bisher arm geblieben sind (z. B. Kongo). Eine weitere These lautet, kommunistische Systeme seien wenig geeignet, die wirtschaftliche Entwicklung und den Wohlstand zu fördern. Freie Marktwirtschaften mit einem freien, auf Privateigentum aufgebauten Unternehmertum könnten viel besser für Wohlstand sorgen. Dann ist es jedoch verwunderlich, daß China in den letzten dreißig Jahren mehr für seine Menschen getan hat als beispielsweise Indien. Seltener werden ethnische Erklärungen abgegeben,

---

[1] Vgl. *Hesse,* H./*Sautter,* H., Entwicklungstheorie und -politik, Band I, Entwicklungstheorie, Tübingen 1977, S. 7.

[2] Vgl. *Galbraith,* J. K., Die Arroganz der Satten, Bern/München 1979, S. 7 ff.

z. B. der Punjab in Indien sei deshalb reicher, weil die Menschen dort „beweglicher“ seien. Dagegen findet man häufig das Klima als Erklärung. „Die negative Wirkung der Hitze auf die Produktivität in Indien ist ein kaum zu unterschätzender Faktor.“[3] Andere Theorien suchen in einem durch den Kolonialismus zerstörten Selbstvertrauen der Bevölkerung in Entwicklungsländern den Grund. Die Armut wird oft auch auf eine schlechte Regierung zurückgeführt, welche die falsche Wirtschaftspolitik betreibe.

Die Erklärungsansätze sind also zahlreich. Verfolgt man ihren Ursprung, so kann man feststellen, daß die Bekämpfung der Armut auch von handfesten politischen Zielen geprägt wurde. So begann man beispielsweise für manche Entwicklungsländer erst dann mit Hilfe, als das Gespenst eines sich ausbreitenden Kommunismus auftauchte (Indochina). Bei vielen Ansätzen kann man den Geist der Verfasser erkennen. Theorien, die das Wirtschaftssystem verantwortlich machten, kamen zum Teil aus westlichen Geheimdienstkreisen. Verwaltungsfachleute führten sie auf Mängel in der öffentlichen Verwaltung zurück. Bildungsexperten sahen in der unzureichenden Ausbildung die zutreffende Erklärung. Wirtschaftswissenschaftler präsentierten den eingängigen Teufelskreis aus Kapitalknappheit und Armut: Da über den unmittelbaren Bedarf hinaus nichts produziert wird, ist auch keine Ersparnis und Kapitalbildung möglich. Die mangelnde Kapitalbildung wiederum verhindere jede Produktionssteigerung durch Einführung neuer und effizienterer Technologien und Produktionsmethoden. Die Sparfähigkeit der Ärmsten der Armen (z. B. für Familienfeste) zeigt jedoch, daß prinzipiell auch dort eine, wenn auch geringe, Kapitalbildung möglich wäre. Deshalb mag es manchmal auch nur an der Einsicht und Motivation mangeln. Immerhin ist es in marktwirtschaftlichen wie auch sozialistischen Theorien unbestritten, daß ohne Sachkapitalbildung kein wirtschaftliches Wachstum möglich ist.

Viele der oben aufgeführten Ansätze treffen nur den einen oder anderen wichtigen Punkt. Es dürfte jedoch kaum möglich sein, für alle Entwicklungsländer eine umfassende Theorie vorzulegen, welche die Unterentwicklung erklärt und die geeignete Entwicklungspolitik zur Überwindung der Armut in umfassender Weise beschreibt. So bleibt wohl nur der Weg, weitere wichtige Faktoren zu ermitteln, welche die wirtschaftliche Entwicklung beeinflussen.

Ziel dieser Arbeit ist es, den Einfluß der finanziellen Infrastruktur auf die wirtschaftliche Entwicklung zu untersuchen. Damit soll die Aufmerksamkeit auf ein wichtiges Gebiet gelenkt werden, das in der recht umfangreichen

---

3 *Wolpert*, St., A New History of India, New York 1977, S. 4.

Literatur über Entwicklungsländer etwas zu kurz gekommen ist.[4] Insbesondere exisitert hierüber nur wenig neuere deutschsprachige Literatur.[5] Versteht man unter „finanzieller Infrstruktur" die „Summe aller Finanzierungsinstitutionen, Finanzmärkte, Finanzinstrumente, finanzwirtschaftlichen Normen und Verhaltenweisen", kurz den „finanziell-monetären Unterbau der Wirtschaft"[6], dann ist klar, daß nicht alle Bereiche des gesamten Untersuchungsgegenstands betrachtet werden können und eine Auswahl wichtiger Teile erfolgen muß. Doch zunächst soll die finanzielle Infrastruktur noch etwas genauer beschrieben werden.

So wie bei anderen Infrastruktureinrichtungen, etwa beim Verkehrswesen, in materielle (z. B. Straßen), personelle (z. B. Polizei) und institutionelle Infrastruktur (z. B. Straßenverkehrsordnung) unterschieden werden kann,[7] ist auch bei der finanziellen Infrastruktur eine solche Unterteilung sehr nützlich, da sie den Blick für die Voraussetzungen schärft, die zu einer voll ausgebauten finanziellen Infrastruktur gehören.

Die materielle finanzielle Infrastruktur umfaßt die Einrichtungen (im weitesten Sinne) dieses Bereichs, so z. B. Gebäude, Anlagen, Fuhrpark usw. Was die Deutsche Bundesbank betrifft, so sind dies alle Haupt- und Zweigstellen und die Zentrale mit sämtlicher materieller Ausstattung (derzeit 209 „Bankplätze"). Das gleiche gilt für die übrige finanzielle Infrastruktur (z. B. Geschäftsbanken mit ihrem Zweigstellennetz). Diese Einrichtungen sind die materielle Basis für das Funktionieren des monetären Systems. Gerade im Hinblick auf die Entwicklungsländer erscheint es notwendig, deutlich auf diese materiellen Grundlagen hinzuweisen. Es genügt nicht, wenn solche Infrastruktureinrichtungen in den Zentren des Landes vorhanden sind. Will man den gesamten Raum eines Landes „monetisieren", müssen diese Einrichtungen von allen Einwohnern mit den vorhandenen Verkehrsmitteln ohne großen Aufwand erreicht werden können, d. h. jeder Bürger sollte an das dieser Anforderung entsprechend engmaschige „Gitternetz der finan-

---

4 Vgl. *Drake,* P. J., Money, Finance and Development, Oxford 1980, S. 1.

5 Die jüngste einschlägige Literatur hierzu ist: *Fischer,* B., Liberalisierung der Finanzmärkte und wirtschaftliches Wachstum in Entwicklungsländern, Tübingen 1982.

6 *Geis,* H.-G., Die Rolle der finanziellen Infrastruktur bei der Kapitalbildung, Einige Ergänzungen, in: Priebe, H. (Hrsg.), Eigenfinanzierung der Entwicklung, Berlin 1975, S. 72 (im folgenden zitiert: Geis, H.-G., 1975). Vgl. ferner *Hammel,* W., Die Rolle der finanziellen Infrastruktur bei der Kapitalbildung, in: Priebe, S. 60, *Stobbe,* A., Gesamtwirtschaftliche Theorie, Berlin/Heidelberg/New York 1975, S. 196 ff., *Basseler,* U./*Heinrich,* J./*Koch,* W., Grundlagen und Probleme der Wirtschaft, Köln 1978, S. 364 ff.

7 *Simonis,* U. E. (Hrsg.), Infrastruktur, Gütersloh 1977, S. 43 f.

ziellen Infrastruktur" angeschlossen sein. Denn in den weniger entwickelten ländlichen Räumen kann durch Geld und Kredit erst dann ein Effekt erzielt werden, wenn der „monetäre Arm" auch bis dahin reicht.

Es versteht sich von selbst, daß zum Funktionieren der finanziellen Infrastruktur, des finanziell-monetären Unterbaus der Wirtschaft, auch sachkundiges Personal gehört. Wiederum genügt es nicht, wenn allein in den Zentren gut ausgebildetes Personal vorhanden ist. Die wirksame Förderung kleiner und mittlerer landwirtschaftlicher und gewerblicher Betriebe erfordert zudem eine regionalisierte Beratung, die weit über das rein Banktechnische hinausgehen muß. Das gesamte Netz der finanziellen Infrastruktur muß deshalb mit entsprechend geschulten Mitarbeitern besetzt sein, um gerade die rückständigen Gebiete ausreichend mit finanziellen Dienstleistungen zu versorgen. Die Genossenschafts- und Entwicklungsbanken weisen in diese Richtung.

Schließlich gehören zur finanziellen Infrastruktur auch die institutionellen Rahmenbedingungen (Normen und Verhaltensweisen).[8] Hier sind die Ziele und Aufgaben anzusiedeln, die Freiräume und Grenzen sind abzustecken und die Instrumente bereitzustellen. Was wiederum z. B. die Deutsche Bundesbank betrifft, so wäre als Ziel zu nennen: Unabhängig von Weisungen der Bundesregierung „die Währung zu sichern" und dabei die Bundesregierung bei ihrer allgemeinen Wirtschaftspolitik zu unterstützen (§§ 3 und 12 BBankG). Normen der finanziellen Infrastruktur wären, neben dem Bundesbankgesetz, z. B. das Stabilitäts- und Wachstumsgesetz, das Außenwirtschaftsgesetz und das Gesetz über das Kreditwesen. Als währungspolitische Instrumente wären schlaglichtartig die Refinanzierungs-, Mindestreserven- und Offenmarktpolitik anzuführen. Wie noch zu zeigen ist (Abschnitt D), werden die notenbankpolitischen Zielsetzungen und Maßnahmen in Entwicklungsländern etwas umfangreicher sein müssen, um bei der wirtschaftlichen Entwicklung dieser Länder einen Beitrag leisten zu können.

Nach dieser Einleitung (A) wird im nächsten Abschnitt (B) die Notwendigkeit der finanziellen Infrastruktur für die wirtschaftliche Entwicklung

[8] Vgl. *Spaetling*, D., Die Beziehungen zwischen dem institutionellen Aufbau des Geld- und Kreditsystems und dem wirtschaftlichen Wachstum, Berlin 1966. Hierin wird versucht, die langfristigen Wirkungen der institutionellen Struktur des Geld- und Kreditsystems auf das wirtschaftliche Wachstum darzustellen. Dabei wird eine wesentliche Aufgabe darin gesehen, die strukturellen Anpassungsprozesse zu erleichtern (Finanzierung von Kapazitätserweiterungen). Diese „moderierende und synchronisierende Wirkung" (S. 202) wird wesentlich durch den institutionellen Aufbau des Geld- und Kreditsystems bestimmt. Es wird dort festgestellt, daß diese Aufgabe umso besser zu lösen ist, je liberaler die ordnungspolitischen Rahmenbedingungen gestaltet sind. Vgl. hierzu auch *Fischer*, B.

von Ländern der Dritten Welt begründet. Im Hauptteil (C) erfolgt eine Analyse ausgewählter Bereiche der finanziellen Infrastruktur. Dort werden auch einige empirische Untersuchungen vorgenommen, welche die aufgestellten Hypothesen stützen. Der letzte Abschnitt (D), vor den zusammenfassenden Schlußbemerkungen (E), beschäftigt sich mit den spezifischen Aufgaben einer Notenbank in Entwicklungsländern. Da der Gang der Untersuchung jeweils am Anfang der einzelnen Abschnitte erläutert wird, kann an dieser Stelle auf eine ausführlichere Darlegung verzichtet werden, zumal auch der letzte Abschnitt noch einmal eine detaillierte Zusammenfassung der gesamten Arbeit mit den wichtigsten Ergebnissen darstellt.

B. Aufgaben der finanziellen Infrastruktur

Wie alle Infrastruktureinrichtungen bestimmte produktive und konsumtive Aufgaben erfüllen, kann auch die finanzielle Infrastruktur einen Beitrag zur Erhaltung und Verbesserung der Funktionsfähigkeit einer Volkswirtschaft leisten und damit zur Produktivitätssteigerung beitragen. Dazu zählen sämtliche denkbaren Bankdienstleistungen, insbesondere auch die der Spezialkreditinstitute, z. B. Entwicklungsbanken, Versicherungsgesellschaften, Bausparkassen, usw. Hierher gehört auch die Abwicklung der monetären Auslandsbeziehungen oder die Lösung der geld- und währungspolitischen Probleme, die erst durch die Existenz einer modernen finanziellen Infrastruktur entstehen. Der letzte wichtige Problembereich wird normalerweise einer Zentralbank zugeordnet, die mit Hilfe eines geeigneten Instrumentariums zur Erfüllung ihrer spezifischen notenbankpolitischen Zielsetzung (Sicherung der Währung) beiträgt.

Um die Notwendigkeit einer ausgebauten finanziellen Infrastruktur für die wirtschaftliche Entwicklung zu unterstreichen, soll im folgenden vor allem auf zwei wichtige Aufgaben näher eingegangen werden, die in Entwicklungsländern häufig recht unbefriedigend erfüllt werden. Dabei geht es einmal um die Monetisierung, d. h. die Einführung des Geldes mit seinen Funktionen. Zum anderen handelt es sich um die Sachkapitalbildung, welche durch die finanzielle Infrastruktur wesentlich erleichtert wird, indem Ersparnisse (vor allem durch die Haushalte) in Geldanlagen gebildet und durch die finanzielle Infrastruktur an Unternehmen (oder den Staat) vermittelt werden, wodurch Investitionen auf Kreditbasis durchgeführt werden können.

I. Monetisierung

Voraussetzung für die Entwicklung einer modernen und leistungsfähigen Volkswirtschaft ist eine dementsprechende Geldwirtschaft, d. h. unter anderem die Herstellung eines ausreichenden Monetisierungsstandes. Monetisierung bedeutet zunächst, daß bei den ökonomischen Beziehungen zwischen den Wirtschaftssubjekten das Geld als Recheneinheit und Zahlungsmittel den Realtausch weitgehend ablöst und auch den Gebrauch von Primitivgeld ersetzt. Ferner gehört aber auch hierzu, daß Geld als Wertaufbewahrungsmittel benutzt wird und die Sachgüter verdrängt, die besonders in Ländern mit geringer wirtschaftlicher Entwicklung diesem Zweck dienen. Monetisierung bedeutet die Einführung und den Ausbau der „Triade der Geldfunktionen“ Recheneinheit, Zahlungsmittel und Wertaufbewahrungsmittel in der gesamten Volkswirtschaft.[1] Und wenn eine dieser „. . . Funktionen in weiten Bereichen einer Volkswirtschaft nicht erfüllt ist, insbesondere wenn die Tausch- und Zahlungsmittelfunktion nicht vom Geld ausgeübt wird, dann kann man nicht von einem ausreichenden volkswirtschaftlichen Monetisierungsstand . . . sprechen“.[2] Die finanzielle Infrastruktur hat die Aufgabe, „mit geeigneten Institutionen, z. B. Währung, Zentralbank, Bankstellennetze und anderen Einrichtungen des Zahlungsverkehrs, und mit einer geeigneten Politik die Verbreitung des Geldes zu fördern . . .“.[3]

Durch Einführung des Geldes mit seinen verschiedenen Funktionen in allen Teilen einer Volkswirtschaft (ausreichender Monetisierungsstand) entsteht ein quantitatives Problem. Die finanzielle Infrastruktur hat die Aufgabe, die erforderliche Geldmenge (Geldumlauf) je nach Monetisierungsstand und wirtschaftlicher Entwicklung zur Verfügung zu stellen. Dies geschieht einmal durch die Zentralbank, die Zentralbankgeld schafft, und zum anderen über den Geschäftsbankenapparat, der durch Geld- und Kreditschöpfung das Volumen der Giralgeldmenge beeinflussen kann. Des weiteren gehört zu der Monetisierungsaufgabe die „bankmäßige Abwicklung des Zahlungsverkehrs im Inland und mit dem Ausland“.[4]

Es wurde von *Goldsmith* gezeigt, daß mit fortschreitender Entwicklung zunächst die Sichteinlagen zu Lasten des Bargelds zunehmen. Bei weiterer wirtschaftlicher Entwicklung nimmt dann die Bedeutung der Termin- und Spareinalgen zu.[5] Insgesamt gesehen wachsen die Einlagen bei den Banken, wodurch sich deren Fähigkeit erhöht, Kredite zu gewähren.

Hammel[6] schlägt deshalb zur „Erklärung des Monetisierungsphänomens“ den Quotienten aus dem gesamten Geldvolumen (damit meint er Bargeld,

1 Vgl. zur Triade der Geldfunktionen *Duwendag*, D., Das Geld und seine Aufgabe – Geldfunktionen, Geldmenge, Geldwert, in: *Kloten*, N./*Stein*, J. H. von (Hrsg.), Geld-, Bank- und Börsenwesen, 37. Auflage, Stuttgart 1982, S. 27 ff.

2 *Ullrich*, G., Monetäre Wirtschaftspolitik in Entwicklungsländern und Weltwährungsordnung, Eine Untersuchung über Länder Schwarzafrikas, Göttingen 1979, S. 11.

3 *Geis*, H.-G., Die Geld- und Banksysteme der Staaten Westafrikas, München 1967 (im folgenden zitiert: Geis, H.-G., 1967, S. 44).

4 § 3 Bundesbankgesetz.

5 Vgl. *Goldsmith*, R. W., Financial Structure and Development, New Haven/London S. 9 ff.

6 Vgl. *Hammel*, W., S. 57.

Sicht-, Termin- und Spareinlagen, also M_3) und dem Bargeld vor, der in Beziehung zum Pro-Kopf-Einkommen gesetzt wird. Es ergibt sich eine positive Korrelation zwischen beiden Größen. *Rudloff*[7] benutzt als Indikator für den Monetisierungsstand das Verhältnis der Bankkredite zum Volkseinkommen. Eine einfache Definition für den Monetisierungsstand ist auch der Quotient aus in Geld gezahltem Einkommen zum gesamten Volkseinkommen.[8].

Es kann hier nicht darum gehen, eine ausführliche Diskussion über einen geeigneten Indiaktor für den Monetisierungsstand zu führen. Zweifellos haben auch die oben erwähnten Maßgrößen ihre Schwachstellen. Zunächst sei bemerkt, daß eine Messung nur der in Geld getätigten Transaktionen im Verhältnis zum Sozialprodukt mangelhaft wäre, da sie zwar etwas über.die Zurückdrängung des Realtauschs, aber nichts über die für die wirtschaftliche Entwicklung ebenso bedeutende Wertaufbewahrungskomponente (Einlagen und Kredite) sagen würde. Auch der Vorschlag von *Hammel* kann nur einen groben Richtwert liefern. So können bereits unterschiedliche Verhaltensweisen (z. B. beim Vorsichtsmotiv aufgrund verschiedener Mentalitäten oder bei der Wertaufbewahrung wegen verschieden hoher Inflationsraten) in zwei Ländern mit sonst gleicher wirtschaftlicher Entwicklung und finanzieller Infrastruktur voneinander abweichende Ergebnisse liefern. Schließlich wird auch das Kreditvolumen in Relation zum Volkseinkommen kein ideales Maß abgeben, wenn man nur bedenkt, daß unterschiedliche Rechtsformen der Unternehmen oder abweichende Ausprägungen von Unternehmenskonzentrationen die Relationen von Selbst- und Fremdfinanzierungen der Unternehmen und damit das erforderliche Kreditvolumen beeinflussen können.

II. Sachkapitalbildung

„Mit der zunehmenden institutionellen Entfaltung der finanziellen Infrastruktur wächst die Fähigkeit des Systems, Ersparnisse an sich zu ziehen und so Investitionen zu finanzieren.“[9] Die Vorteile einer ausgebauten finanziellen Infrastruktur liegen also nicht nur in der Zurückdrängung der umständlichen Formen von Naturaltausch, Naturalkredit und „Naturalzins“

---

7 Vgl. *Rudloff*, M., Economie monétaire nationale et developpement, Paris 1969, S. 253 f.

8 Vgl. *Borpujari*, J. G., Production and Monetization in the Subsistence Sector, in: *Coats*, W. L./*Khatkhate*, D. R. (Hrsg.), Money and Monetary Policy in Less Developed Countries: A Survey of Issues and Evidence, Oxford u. a. 1980, S. 85.

9 *Hammel*, W., S. 60.

und dem damit einhergehenden Vordringen des Geldes als Recheneinheit und Zahlungsmittel, sondern vor allem im Abbau von Ersparnissen in Form von Sachgütern, die in unproduktiver Weise gehortet werden, ferner in der Bildung von Einlagen in verschiedenen monetären Anlageformen – Geld als Wertaufbewahrungsmittel – und in ihrer Verwendung für die Investitionsfinanzierung auf Kreditbasis.[10] Dabei geht es neben den inländischen Ersparnissen (man könnte von Selbstfinanzierung der wirtschaftlichen Entwicklung sprechen) auch um die Aktivierung ausländischer Ersparnisse für Entwicklungsländer. „Kapitalhilfe und Kapitalzufuhr von außen kann (jedoch) nur Initialwirkung haben. Auf Dauer ist ohne interne Geldkapitalbildung, mit dem Ziel, der heimischen Wirtschaft dieses Kapital für die Schaffung von Arbeitsplätzen und damit zur Erhöhung des Lebensstandards der Bevölkerung zur Verfügung zu stellen, eine organisatorische und dynamische Entwicklung einer Volkswirtschaft nicht vorstellbar."[11]

Geis spricht von der „Vermittlungs- und Anlageumwandlungsfunktion" der finanziellen Infrastruktur.[12] Bei der Vermittlungsfunktion geht es im einzelnen um „regionale, sektorale und soziale Transformationen". Mit letzterer ist die Vermittlung zwischen verschiedenen sozialen Bevölkerungsschichten gemeint, was in vielen Entwicklungsländern keineswegs selbstverständlich ist (siehe das Kastensystem in Indien). Unter Anlageumwandlungsfunktion wird die Fristen-, Größen- und Risikentransformation von Einlagen in Kredite verstanden. Ferner werden das Angebot verschiedener Finanzanlagen und die finanzwirtschaftliche Innovation als Funktionen der finanziellen Infrastruktur genannt. Alle diese Möglichkeiten erleichtern die Austauschbeziehungen einer Volkswirtschaft in horizontaler und vertikaler Weise wesentlich. Dies ist erheblich kostengünstiger als der Naturaltausch. Es werden Ressourcen gespart und gleichzeitig die Voraussetzungen für eine moderne Arbeitsteilung, die Mobilität der Güter und Faktoren und die Trennung des Eigentums an den Produktionsfaktoren von ihrer Verwaltung geschaffen. Insgesamt läßt dies eine effizientere Kombination der Faktoren und damit eine Erhöhung der Produktivität erwarten.[13] Erst eine umfassen-

---

10 Wie später noch gezeigt wird, kann es zu Zielkollisionen kommen, wenn etwa die Verwendung der Einlagen zur Finanzierung von Investitionen zu unerwünschten räumlichen Effekten führt.

11 *Geiger*, H., Rede anläßlich eines Symposiums des Deutschen Sparkassenverbands in Zusammenarbeit mit dem Internationalen Institut der Sparkassen in Genf für Aus- und Fortbildungsfragen der Sparkassen in afrikanischen und asiatischen Entwicklungsländern (das Symposium fand vom 19. bis 21. Mai 1981 in Bonn statt), gekürzter Abdruck im Handelsblatt vom 18. 5. 1981, S. 8.

12 Vgl. *Geis*, H.-G., 1975, S. 72.

13 Vgl. ebenda, S. 73 ff.

de finanzielle Infrastruktur ermöglicht, daß beispielsweise Einlagen aus einer Region zu Krediten und Investitionen in einer anderen Region werden oder daß die Ersparnisse kleiner Anleger in entwickelten Ländern zu Investitionen bei großen, mittleren und speziell bei kleinen Unternehmen in Entwicklungsländern werden können. National und international gesehen können durch den Ausbau eines landesweiten Netzes finanzieller Infrastruktureinrichtungen die besten Anlagemöglichkeiten gefunden werden, und die Investoren können sich ihrerseits die günstigsten Kreditmöglichkeiten aussuchen.[14]

Um die Vermittlungs- und Anlageumwandlungsfunktion der finanziellen Infrastruktur hervorzuheben (Transformation von Räumen, Größen, Fristen und Risiken), die nur durch das Medium „Geld" möglich ist, sollte man zu den drei traditionellen Geldfunktionen (Rechtseinheit, Zahlungsmittel, Wertaufbewahrungsmittel) noch als vierte die „Transformationsfunktion des Geldes" nennen, auch wenn diese aus der Zahlungsmittel- und Wertaufbewahrungsmittelfunktion abgeleitet werden kann. Der Begriff Transformationsfunktion des Geldes macht zugleich auf die Raumwirksamkeit der monetären Ströme aufmerksam, ein Aspekt, der häufig übersehen wird und in dieser Arbeit eine besondere Rolle spielen wird. Denn die realen Vorgänge werden ihrerseits auch durch die Geldströme beeinflußt. So werden beispielsweise durch den Transfer von Einlagen aus einer Region Kredite in einer anderen möglich, wodurch es über die entfaltete zusätzliche Nachfrage des Kreditnehmers zu einer räumlichen Umlenkung von Gütern und/oder Faktoren kommt. Diese Transformationsfunktion enthält noch andere Dimensionen. So kann es z. B. bei Geldillusion der Sparer und Preissteigerungen, die über das Zinsniveau hinausgehen, zu einem Vermögenstransfer kommen, eine Situation, die für manche Entwicklungsländer mit sehr hohen Inflationsraten kennzeichnend ist. Unternehmen und Staat als Kreditnehmer werden auf diese Weise zu Inflationsgewinnern. Geht die Geldillusion der Sparer verloren, kann es dabei zu einem deutlichen Rückgang der Spartätigkeit in Geldanlagen kommen (vgl. Abschnitt D).

Die Bedeutung der finanziellen Infrastruktur für die Sammlung und Vermittlung von Geld und Kredit wird von *Geis* folgendermaßen zusammengefaßt:[15] „Das Banksystem ermöglicht, sammelt und leitet die Geld- und Kreditströme in einer Wirtschaft vergleichsweise genau so gut oder so schlecht wie ein Verkehrs- oder Handelssystem die Güterströme und ist für eine arbeitsteilige Marktwirtschaft genauso wichtig. Daher sollte als wissen-

---

[14] Vgl. *Coats,* W. L./*Khatkhate,* D. R. (Hrsg.), Money and Monetary Policy in Less Developed Countries: A Survey of Issues and Evidence, Oxford u. a. 1980, S. 3 f.

[15] *Geis,* H.-G., 1967, S. 42 f.

schaftliches und praktisches Problem nicht nur der Aufbau der „realen“ Infrastruktur in Entwicklungsländern mit Einrichtungen des Verkehrs-, Sozial- und Bildungswesen, sondern auch der Aufbau einer geeigneten finanziellen Infrastruktur . . . erkannt werden.“

Die für die praktische Entwicklungspolitik entscheidende Frage ist, ob man die durch theoretische Überlegungen gefundene Hypothese durch empirische Untersuchungen untermauern kann, wonach eine ausgebaute finanzielle Infrastruktur die Kapitalbildung und damit das Wachstum und die wirtschaftliche Entwicklung eines Landes fördert. *Goldsmith*[16] hat gezeigt, daß ein positiver Zusammenhang zwischen der Bildung von Sicht-, Termin- und Spareinlagen und der wirtschaftlichen Entwicklung besteht. Voraussetzung für die Bildung solcher Geldanlagen ist aber ein ausgebildetes Bankensystem. Dies impliziert, daß (indirekt) auch ein positiver Zusammenhang zwischen finanzieller Infrastruktur und wirtschaftlichem Wachstum besteht. *Hammel*[17] führt diesen Nachweis direkt, indem er die Zweigstellen der Geschäftsbanken in 47 Entwicklungsländern und das Pro-Kopf-Einkommen betrachtet. Danach besteht eine eindeutig positive Korrelation zwischen beiden Größen. Ferner existiert von *Adelman/Morris* eine ökonometrische Studie über die Effizienz von möglichen Entwicklungspotentialen, die bei 29 Indikatoren und 73 untersuchten Entwicklungsländern für die Zeit zwischen 1950 und 1963/64 zu dem Ergebnis kommt, daß der Verbesserungsgrad der Finanzinstitutionen der wichtigste Indikator für das Entwicklungspotential und damit für die weitere wirtschaftliche Entwicklung ist, wichtiger als beispielsweise die Investitionsrate.[18]

Es gibt noch eine Reihe weiterer Untersuchungen, welche die Bedeutung des Finanzsektors für das wirtschaftliche Wachstum betonen.[19] Damit scheint zwar gesichert, daß ein positiver Zusammenhang zwischen wirt-

---

16 Vgl. *Goldsmith,* R. W., S. 9 ff.

17 Vgl. *Hammel,* W., S. 56 ff.

18 Vgl. *Adelman,* I./*Morris,* C. T., Performance Criteria for Evaluating Economic Development Potential: An Operational Approach, in: Quarterly Journal of Economics, Vol. 92/1968, S. 260 ff. Der Verbesserungsgrad der Finanzinstitutionen hängt von der Entwicklung der Spareinlagen, der längerfristigen Kreditvergabe und weiteren Faktoren ab. Vgl. hierzu auch Geis, H. G., 1975, S. 69 f.

19 Vgl. *Patrick,* H. T., Financial Development and Economic Growth in Underdeveloped Countries, in: Coats, W. L./*Khatkhate,* D. R. (Hrsg.), S. 37 ff., *Cameron,* R. E./*Crisp,* O./*Patrick,* H. T./*Tilly,* R., Banking in the Early Stages of Industrialization, London 1967, *Chandavarka,* A. G., How relevant is Finance for Development? in: Finance and Development, Vol. 10/1973, S. 14 ff., *McKinnon,* R. J., Money and Capital in Economic Development, Washington 1973, *Shaw,* E. S., Financial Deepening in Economic Development Series, New York 1973.

schaftlicher Entwicklung und finanzieller Infrastruktur besteht. Daraus läßt sich jedoch nicht entnehmen, ob die finanzielle Infrastruktur die Ursache oder auch nur eine unter mehreren Ursachen für „wirtschaftliche Entwicklung" ist.[20] Vielmehr ist auch der umgekehrte Zusammenhang denkbar, nämlich, daß sich erst als Folge der wirtschaftlichen Entwicklung eine dementsprechende finanzielle Infrastruktur herausbildet, konkret, daß z. B. das Pro-Kopf-Einkommen die unabhängige und die Zweigstellendichte die abhängige Variable ist. Beide Deutungen der Korrelationsergebnisse sind nicht unplausibel. Die eingangs dargelegten Überlegungen hinsichtlich der Anziehungskraft der finanziellen Infrastruktur auf Einlagen und die daraus erwachsenden Möglichkeiten zusätzlicher kreditfinanzierter Investitionen sowie die Wirkungen im Hinblick auf Mobilität und Transparenz bei den Produktionsfaktoren lassen aber eher die Folgerungen von Geis als richtig erscheinen, denen wir uns anschließen: „Die finanzielle Infrastruktur spielt im sozioökonomischen Entwicklungsprozeß nicht nur eine passive, respondierende Rolle („demand following", der Verf.), sondern eine aktive, stimulierende oder hemmende. Die Frage nach der stimulierenden Bedeutung der finanziellen Infrastruktur („supply-leading") steht im folgenden im Mittelpunkt der Betrachtungen (Abschnitt C).

Es wurde oben festgestellt, daß erst durch eine ausgebaute finanzielle Infrastruktur ein Transfer der Ersparnisse hin zu kreditfinanzierten Investitio-

nen möglich ist. Dazu sind funktionsfähige Geld- und Kreditmärkte die Voraussetzung. Besonders in Entwicklungsländern können aber auch andere Faktoren bei der Kreditvergabe den Ausschlag geben. Dies wird schon anhand der Entwicklungsbanken deutlich, die keineswegs marktmäßige Zinsen verlangen. Aber auch unabhängig von einer solchen aktiven entwicklungspolitischen Lenkung von Krediten können Verzerrungen, beispielsweise durch Machtpositionen der Kreditnehmer, bewirkt werden, etwa wenn große Unternehmen, eng verflochten mit den privaten Geschäftsbanken, hohe Kredite zu günstigen Konditionen eingeräumt bekommen. Bei verstaatlichten Geschäftsbanken mögen auch durch die Lobby der großen Unternehmen beeinflußte politische Entscheidungen eine Rolle spielen. Darüber hinaus können Standort- und Investitionsentscheidungen durch

[20] Vgl. auch *Fischer*, B., S. 11.

Unterschiede in der allgemeinen Infrastruktur oder durch steuerliche Abweichungen (z. B. Hebesätze der Gewerbesteuer) beeinflußt werden. All dies bewirkt bereits Verzerrungen der ursprünglichen Gegebenheiten und hat Einfluß auf die Entscheidungen der Unternehmen, an welchem Standort Investitionen durchgeführt werden. Aus vielerlei Gründen ist es deshalb denkbar, daß die kreditfinanzierte Sachkapitalbildung gewisse Räume bevorzugt und andere benachteiligt, und zwar unabhängig von den ursprünglichen natürlichen Standortbedingungen. Auf dieses Problem wird im folgenden auch noch einzugehen sein.

C. Analysen zur finanziellen Infrastruktur

Im vorherigen Abschnitt wurde die Notwendigkeit der finanziellen Infrastruktur für die wirtschaftliche Entwicklung verdeutlicht. Die Einführung des Geldes mit seinen Funktionen (Monetisierung) beseitigt nicht nur den aufwendigen ressourcenverzehrenden Realtausch, sondern leistet zugleich auch produktive Dienste, indem Sparen in Geldanlagen über Kredite zu den rentabelsten Investitionen führt (Sachkapitalbildung). Durch Geld und Kredit werden also Ressourcen eingespart, und die Produktivität einer Volkswirtschaft wird gesteigert.

Im folgenden sollen aus dem Bereich der finanziellen Infrastruktur einige wichtige Teile ausgewählt und näher untersucht werden. Dazu erscheint es zunächst sinnvoll, auf den „Dualismus" einzugehen, die Zweigleisigkeit eines Gesellschafts- oder Wirtschaftssystems, ein Wesensmerkmal fast sämtlicher Entwicklungsländer. Den Dualismus kann man meistens auch auf dem Gebiet der finanziellen Infrastruktur wiederfinden. Diese läßt sich deshalb in einen offiziellen und inoffiziellen Bereich unterteilen. Das Hauptgewicht der Untersuchungen liegt auf dem offiziellen Teil. Daran anschließend wird jedoch auch der inoffizielle Teil der finanziellen Infrastruktur betrachtet.

I. Zum Dualismusproblem in Entwicklungsländern

Der „Dualismus" ist ein wesentliches Merkmal fast aller Entwicklungsländer.[1] Darunter läßt sich jede Zweigleisigkeit eines Gesellschaftssystems verstehen, z. B. Gesellschaften mit zwei unterschiedlichen Religionsgemeinschaften. Man kann den Begriff aber auch auf ökonomische Strukturen anwenden. Dualistische Wirtschaftsstrukturen gibt es in hochindustrialisierten Staaten[2] genau so wie in Entwicklungsländern. Jede Regionalpolitik hat letztlich ihren Grund in dem dualen Charakter von Volkswirtschaften, in denen es entwickeltere und weniger entwickelte Räume gibt. Solche räumli-

---

[1] Vgl. *Boeke,* J. H., Economic and Policy of Dual Societies, New York 1953, *Hemmer,* H.-R., Wirtschaftsprobleme der Entwicklungsländer, München 1978, S. 209 ff.

[2] Vgl. *Berger,* S./*Piore,* M. I., Dualism and Discontinuity in Industrial Societies, New York/Melbourne/Sydney 1980.

chen Diskrepanzen in der wirtschaftlichen Entwicklung gibt es aber gerade in den Entwicklungsländern häufig in sehr extremer Weise. Die Entwicklungsländer zeichnen sich dadurch aus, daß verschiedene, in sich relativ homogene Sozialstrukturen nebeneinander existieren.[3] Dieser „soziale Dualismus" entsteht meistens dadurch, daß in ein bestehendes System von außen ein anderes Sozialsystem eingeführt wird. Dies kann zwangsweise geschehen, z. B. durch den früheren Kolonialismus oder – heutzutage – durch militärische Interventionen (z. B. Einmarsch der UdSSR in Afghanistan). Daneben gibt es „importierte" Sozialsysteme, die freiwillig übernommen werden, wenn etwa durch die in entwickelten Ländern ausgebildeten Führungsschichten marktwirtschaftliche Organisationsprinzipien in anders geartete Gesellschafts- und Wirtschaftssysteme eingeführt werden. In all diesen Fällen sind dann einerseits die entwickelten Bereiche vorhanden, insbesondere die Zentren, die diese neuen Formen übernehmen und die durchaus mit den modernen Volkswirtschaften der Industrieländer zu vergleichen sind. Auf der anderen Seite existieren die Prinzipien der ursprünglichen Systeme auch weiterhin, in denen die Produktion oft nur auf Selbstversorgung ausgerichtet ist, es eine vergleichsweise geringe Arbeitsteilung, geringe überregionale Handelsbeziehungen und häufig noch Realtausch gibt. Man bezeichnet diese Bereiche auch als „subsistenzwirtschaftlich". In ihnen findet man auch selten eine nennenswerte Geldwirtschaft im modernen Sinne mit funktionsfähigen Geld- und Kapitalmärkten.

So läuft z. B. *Boekes* entwicklungspolitische Konzeption auf eine „dualistische Politik" hinaus,[4] die letztlich die vorhandenen dualen Strukturen zementieren will.[5] Seine Vorstellung ist, die ursprünglichen gesellschaftlichen Werte eines Landes zu erhalten (die es seiner Ansicht nach nur noch in den subsistenzwirtschaftlichen Bereichen gibt) und den auf diese Werte negativen Einfluß der neuen Sozialsysteme zu begrenzen.

Higgins faßt seine Betrachtungen viel enger. Er beschränkt sich auf die technisch-ökonomischen Probleme des Dualismus und versucht dessen Ursachen mit Hilfe kapitalistischer Wirtschaftstheorien zu erklären.[6] Er unterscheidet den modernen entwickelten Sektor, der kapitalintensiv ist und mit

3 Vgl. *Ullrich*, G., S. 40 f.

4 Vgl. *Boeke*, J. H., Village Reconstruction, in: Wertheim, W. F. (Hrsg.), Indonesian Economics, The Concept of Dualism in Theory and Policy, Selected Studies on Indonesia by Dutch Scholars, The Hague 1961, S. 310 ff.

5 Vgl. *Grimm*, K., Theorien der Unterentwicklung und Entwicklungsstrategien, Opladen 1979, S. 49 f.

6 Vgl. *Higgins*, B., Economic Development, Principles, Problems and Policies, Revised Edition, London 1968.

einem relativ starren Verhältnis von Kapital und Arbeit produziert. Auf der anderen Seite gibt es den arbeitsintensiven, traditionellen ländlichen Bereich, bei dem es kein festes Verhältnis von Kapital und Arbeit bei der Produktion gibt. Die nicht im entwickelten kapitalintensiven Sektor beschäftigten Arbeitskräfte müssen zwangsweise im Agrarsektor verbleiben. Bei knappem nutzbaren Boden wird dort immer arbeitsintensiver produziert. Unter Berücksichtigung einer Bevölkerungsexplosion, die häufig in wenig entwickelten Ländern zu beobachten ist, führt dieser Prozeß dazu, daß die Grenzproduktivität der Arbeit permanent sinkt. Durch diese Bedingungen wird ein optimaler Einsatz der Produktionsfaktoren verhindert. Im subsistenzwirtschaftlichen Bereich entsteht bei hohem Bevölkerungswachstum zunächst versteckte Arbeitslosigkeit, die schließlich in offene übergeht.[7]

Die wirtschaftspolitischen Forderungen aus dieser Einschätzung sind evident. Wenn im ländlich-unterentwickelten Bereich der Faktor Arbeit im Überfluß vorhanden, im entwickelten Sektor der Arbeitseinsatz aber limitiert ist, wird man eine höhere Beschäftigung zunächst nur dadurch erreichen können, daß der Faktor (nutzbarer) Boden vergrößert wird (Landgewinnung, Bewässerung usw.). Dies dient zugleich der besseren Nahrungsmittelversorgung, in vielen Entwicklungsländern ein vordringliches Anliegen. Will man darüber hinaus noch weitere Arbeitsplätze schaffen, wird man ein regionalpolitisches Konzept entwickeln müssen. Für beides – „Aktivierung" des Faktors Boden und Schaffung zusätzlicher Arbeitsplätze – ist Voraussetzung, daß die Geldkapitalbildung im Inland gefördert und/oder zusätzliches Kapital von außen zugeführt wird. Dieses wäre insbesondere in die ländlichen Räume zu lenken. Die Tatsache, daß es häufig zu scharfen räumlichen Gegensätzen zwischen entwickelten Zentren und subsistenzwirtschaftlichen Räumen gekommen ist, liegt daran, daß bisher ein Großteil des Entwicklungspotentials einseitig in die entwickelteren Zonen floß, wo die allgemeine Infrastruktur ausgebaut wurde und es insbesondere auch eine ausreichende finanzielle Infrastruktur mit funktionsfähigen Geld- und Kapitalmärkten gab. Aufgabe der Regionapolitik ist es, diese Mängel zu beseitigen. Erst dann werden die „Fühlungsvorteile" der Ballungsräume relativiert, und auch das Kapital wird, evtl. durch zusätzliche Anreize gefördert, auch in die weniger entwickelten Räume fließen. „Die Überwindung der regionalwirtschaftlichen Unterschiede wird damit zu einem entscheidenden Ansatz der Entwicklungsstrategie gemacht. Durch bewußte Schaffung von neuen industriellen Zentren, die als „Gegenpole" zu den bestehenden Wachstumszentren wirken, soll eine ausgeglichenere Raumstruktur geschaffen werden."[8]

---

[7] Vgl. *Higgins,* B., S. 297 ff.

[8] *Grimm,* K., S. 54.

Man muß sich darüber im klaren sein, daß dies das genaue Gegenteil von *Boekes* Konzept ist. Der Verfasser schließt sich der Betrachtungsweise von *Higgins* an und lehnt eine „künstliche" Konservierung vorhandener Strukturen ab. Die Schaffung einer „ausgeglichenen Raumstruktur" oder die „Einheitlichkeit der Lebensverhältnisse"[9] unter Wahrung sozialer und kultureller Eigenheiten ist fast immer auch das verständliche Ziel der armen Bevölkerung in den wirtschaftlich schwachen Räumen. Dagegen gibt es in Ländern mit einer dünnen reichen Oberschicht oftmals Tendenzen, das soziale und wirtschaftliche Gefälle zu erhalten, da „Ausgleich" zwangsläufig Abgabe von Privilegien, Vermögen und Einkommen bedeutet.

II. Dualismus der finanziellen Infrastruktur

Der duale Charakter der Volkswirtschaften vieler Entwicklungsländer läßt sich auch auf der Ebene der finanziellen Infrastruktur wiederfinden. So gibt es in den entwickelten Gebieten, besonders in den Zentren, meist ein gut ausgebautes Geld- und Bankwesen mit einer Zentralbank an der Spitze. Dagegen sind die ländlichen Räume mit Zweigstellen der Geschäftsbanken nur spärlich versorgt: Ursache und zugleich Folge der in diesen subsistenzwirtschaftlichen Gebieten mangelhaften Monetisierung und geringen Rentabilität der Zweigstellen. Häufig trifft man jedoch selbst in den abgelegensten ländlichen Gebieten ein gut funktionierendes traditionelles Geldwesen an, das jedoch keine Verbindung zu den modernen Ausprägungen hat. Man kann dann in eine offizielle und eine inoffizielle finanzielle Infrastruktur unterteilen. Es liegt auf der Hand, daß durch diesen Dualismus der finanziellen Infrastruktur die Realisierung wirtschafts- und notenbankpolitischer Ziele schwieriger wird. Selbst wenn man der Auffassung ist, es sei keine aktive regionale Entwicklungspolitik erforderlich und es würde genügen, ein Land global zu fördern, weil die Marktkräfte schon dafür sorgten, daß eine optimale Entwicklung des Produktionspotentials mit dementsprechend hohem Sozialprodukt resultiert, kann man selbst bei dieser Meinung nicht übersehen, daß durch den Dualismus zusätzliche wirtschaftspolitische Probleme[10]

---

[9] Art. 72 GG der Bundesrepublik Deutschland.

[10] Die Marktkräfte würden nämlich beispielsweise zu unerwünschten Ballungs- und Entleerungsgebieten führen, weswegen kaum ein marktwirtschaftlich geprägtes Land auf eine gegensteuernde Regionalpolitik verzichtet. Ohne ordnungspolitische Maßnahmen des Staates führen die Marktkräfte häufig zu Unternehmenskonzentrationen, die letztlich die Marktwirtschaft selbst durch Wettbewerbsbeschränkungen in Frage stellen können.

– auch innerhalb der finanziellen Infrastruktur – entstehen. Dies läßt sich leicht anhand der Zentralbank und dem Ziel „Preisstabilität“ verdeutlichen.

Bei ihrer Geldmengenpolitik bemißt beispielsweise die Deutsche Bundesbank die Zuwachsraten der Zentralbankgeldmenge an den realen Angebotsmöglichkeiten der Wirtschaft (Produktionspotential) und erhofft sich bei der Realisierung dieser Zielsetzung eine weitgehende Stabilisierung des Preisniveaus. Ohne auf weitere Einzelheiten und die dazu offenen Fragen der Geldtheorie oder die Probleme bei der Steuerung der Zentralbankgeldmenge einzugehen,[11] sei gesagt, daß man bei diesem Vorgehen in einem Entwicklungsland mit dualistischem Charakter einen groben Fehler begehen würde, wollte man analog die Zentralbankgeldmenge nach dem gesamten Produktionspotential bemessen. Denn der subsistenzwirtschaftliche Bereich hat kaum Verbindung zum entwickelten offiziellen Geld- und Kreditwesen. Eine erfolgreiche Geldpolitik müßte deshalb das Produktionspotential dieses eigenständigen Sektors ausklammern und die Zentralbankgeldmenge nur am modernen monetisierten Wirtschaftsbereich orientieren.

III. Offizielle finanzielle Infrastruktur

1. Ziele und Kontroversen

Ziel einer differenzierteren Entwicklungspolitik sollte es sein, nicht nur das allgemeine Wohlstandsniveau durch Erhöhung des Volkseinkommens zu verbessern, sondern auch den Abbau extremer Einkommensdifferenzen zu erreichen, d. h. den ökonomischen Dualismus zu beseitigen. Dies kann man mit Hilfe einer globalen Einkommens- und Vermögenspolitik versuchen, etwa durch eine progressive Einkommensbesteuerung und den Transfer dieses Steueraufkommens an einkommensschwache Schichten. Neben eine solche symptomadäquate Wirtschaftspolitik könnten auch ursachenadäquate Maßnahmen treten, die auf Dauer gesehen den größeren und nachhaltigeren Erfolg haben dürften, etwa die Verbesserung von Bildung und Ausbildung, die Erhaltung oder Herstellung von Wettbewerb durch Abbau einseitiger Marktmacht auf den Güter- und Faktormärkten. So sind beispielsweise freie Gewerkschaften in vielen Entwicklungsländern keine Selbstverständlichkeit.

---

11 Vgl. hierzu *Ketterer,* K.-H./*Kloten,* N., Geldversorgung und Notenbankpolitik, in: Kloten, N./Stein, H. J. H. von (Hrsg.), Geld-, Bank- und Börsenwesen, 37. Aufl., Stuttgart 1982, S. 3 f., *Duwendag,* D., Anmerkungen zur geldpolitischen Strategie der Deutschen Bundesbank, in: Ehrlicher, W./Simmert, D. B. (Hrsg.), Geld- und Währungspolitik in der Bundesrepublik Deutschland, Berlin 1982, S. 111 ff.

Eine zukunftsweisende Wirtschaftspolitik muß den Dualismus im allgemeinen und in der finanziellen Infrastruktur im besonderen erkennen und ihre Ziele und Instrumente darauf ausrichten. Wie schon erwähnt, ist es strittig, ob eine Politik „gegen" den Dualismus betrieben werden sollte (vgl. Abschnitt C. I.). So werden die Probleme räumlicher Disparitäten einen geringen Stellenwert haben, wenn man der Auffassung ist, daß hochentwikkelte Zentren früher oder später eine positive Rückwirkung auf die weniger entwickelten Räume haben (Entwicklungspolkonzept). Aber selbst wenn diese positiven Effekte nicht erwartet werden, könnte man auch aus ordnungspolitischer Grundüberzeugung dem freien Spiel der Marktkräfte den Vorzug geben, auch wenn diese zu Unternehmenskonzentrationen mit Wettbewerbseinschränkungen, erheblichem Gefälle bei Einkommen und Vermögen oder zu krassen räumlichen Disparitäten führen. Diese Überzeugung wird hier und im folgenden nicht vertreten. Vielmehr werden die wirtschaftspolitischen Zielvorstellungen einer sozialen Marktwirtschaft unterstellt, wie sie etwa in der Bundesrepublik Deutschland Gültigkeit haben. Dementsprechend sind unerwünschte Disparitäten abzubauen, d. h. es ist eine ausgleichende Raumordnungspolitik zu betreiben, die den Dualismus bekämpft und nachhaltig zu beseitigen versucht. Dies gilt auch für den Dualismus in der finanziellen Infrastruktur, zumal dann, wenn räumliche Effekte festgestellt werden, die den bisherigen Zustand nicht nur festschreiben, sondern das Gefälle eher noch vergrößern. Darauf wird noch einzugehen sein. Gerade in sehr armen Entwicklungsländern, wo diese Effekte große Armut im subsistenzwirtschaftlichen Bereich festschreiben bzw. u. U. noch verstärken, ist keine Zeit, auf mittel- oder gar langfristige Rückwirkungseffekte der Marktkräfte zu warten, selbst wenn sicher wäre, daß diese eines Tages auftreten.

Mit dem Vordringen der finanziellen Infrastruktur in materieller, personeller und institutioneller Hinsicht auch in den subsistenzwirtschaftlichen Räumen wird versucht, eine Integration dieser Räume in die gesamte Volkswirtschaft zu erreichen. Erst dann wird der Ressourcen verbrauchende Realtausch verschwinden, und es kann eine Entwicklung bis hin zum bargeldlosen Zahlungsverkehr eingeleitet werden. Dies ist wiederum u. a. Voraussetzung dafür, daß es über funktionierende Geld- und Kapitalmärkte zu der für mehr Wachstum erforderlichen Geld- und Sachkapitalbildung kommt. Dazu sind differenzierte kurz-, mittel- und langfristige Finanzanlagemöglichkeiten zu schaffen. Auf der anderen Seite ist für eine entsprechende Kreditnachfrage zu sorgen. Entscheidend dürften dabei auch die institutionellen Voraussetzungen sein.[12] So wird beispielsweise ohne positive Realverzin-

[12] Vgl. *Spaetling,* D., S. 202 f. Im übrigen sollte man sich darüber im klaren sein,

sung die Spartätigkeit in Finanzanlagen gering bleiben, und statt dessen werden Sachanlagen (Hortung von Gebrauchsgütern etc.) oder Kapitalexporte vorgezogen. D. h., die Habenzinsen dürfen nicht durch staatliche Festlegung unter die Inflationsrate gedrückt werden, womit zugleich auch das Ziel der Preisstabilität angesprochen ist. Schließlich wird ein funktionierendes Geldwesen auch zu den internationalen Geld- und Kapitalmärkten Zugang bekommen und bei entsprechenden Ertragschancen auch von dort gespeist werden.

Auf die weniger entwickelten Räume bezogen heißt das: Durch Verbesserung der finanziellen Infrastruktur und eine ausreichende Monetisierung kann man die räumliche Benachteiligung dieser Zonen mildern. Dabei muß jedoch darauf geachtet werden, daß die positiven Effekte nicht durch gegengerichtete neutralisiert oder gar überkompensiert werden. Diese Frage, ob es durch den offiziellen Teil der finanziellen Infrastruktur in den Entwicklungsländern zu negativen räumlichen Effekten kommt, ist Gegenstand der weiteren Abschnitte dieses Hauptteils. Ein wichtiges Ergebnis ist, daß in den strukturschwachen ländlichen Räumen, den subsistenzwirtschaftlichen Bereichen, aufgrund des geringen Einkommens und der mangelhaften finanziellen Infrastruktur, zum einen nur eine geringe Spartätigkeit zu verzeichnen ist und auf der anderen Seite potentielle Kreditnehmer, besonders mittlere und kleine Betriebe in Landwirtschaft und Handwerk, nur begrenzten Zugang zu Krediten mit akzeptablen Kreditzinsen im offiziellen Bereich der finanziellen Infrastruktur haben. Dies führt dazu, daß die reale Kapitalbildung gering ist und dementsprechend die wirtschaftliche Entwicklung nur langsam oder überhaupt nicht fortschreitet. Denn ein Teil der Einlagenvolumina dieser ärmeren Regionen, die als Kreditschöpfungspotential anzusehen sind, werden vorwiegend durch potentere Kreditnehmer reicherer Regionen ausgenutzt.

Natürlich können, wie schon erwähnt, für diesen Zustand im subsistenzwirtschaftlichen Bereich auch andere Ursachen verantwortlich sein. So ist beispielsweise auch der Absatz ländlicher Erzeugnisse und anderer, in arbeitsintensiver Produktion hergestellter Welthandelsgüter (Lederwaren, Textilien usw.), auf den internationalen Märkten zu angemessenen Preisen

daß viele Unterschiede in der wirtschaftlichen Entwicklung der Entwicklungsländer nicht das Ergebnis von Marktkräften sind, die sich natürlichen Gegebenheiten angepaßt haben, sondern durch bewußte Maßnahmen in der Vergangenheit bewirkt wurden, etwa die deutlichen Gefälle beim Ausbau der allgemeinen Infrastruktur, bei Bildung und Ausbildung usw. Die unterschiedliche Situation in der Einkommens- und Vermögensverteilung hat zur Folge, daß Produktionsstätten eher in der Nähe der Absatzgebiete errichtet werden, und das sind die wohlhabenderen Regionen mit höherer Kaufkraft.

häufig nicht möglich, weil es dort oft erhebliche Handelshemmnisse gibt (z. B. Zollschranken), die einseitig gegen Güter der Entwicklungsländer gerichtet sind, bei denen ein Wettbewerbsvorteil besteht (Klima, niedriges Lohnniveau usw.).[13] Bei kapitalintensiven Industriegütern sind diese Schranken in geringerem Maße vorhanden. Denn hier brauchen die Industrienationen aufgrund ihres technologischen Vorsprungs die Konkurrenz der Entwicklungsländer weniger zu fürchten, aber sie möchten andererseits ihre Industriegüter in diesen Ländern absetzen. Die Entwicklungsländer sind wiederum auf die Einfuhr dieser Investitionsgüter angewiesen und errichten dagegen kaum Zollschranken. Die Folge davon ist die Stabilisierung niedriger Einkommen gerade in den ländlichen Räumen der Entwicklungsländer, was dort nur eine geringe Spartätigkeit erlaubt. Weitere Ursachen sind denkbar, etwa das starke Bevölkerungswachstum. Diese Probleme wurden eingangs schon genannt und sollen auch jetzt nicht weiter vertieft werden.

2. Räumliche Effekte des Geld- und Kreditwesens

Die schon weiter oben erwähnte These lautet, daß es durch das offizielle Geld- und Kreditwesen zu räumlichen Effekten kommt, die die Einkommensunterschiede innerhalb des Entwicklungslandes zugunsten der entwikkelteren Regionen und Zentren und zu Lasten der subsistenzwirtschaftlichen Räume erhöhen. Hinter dieser These steht die von *Myrdal* bei einer Untersuchung über das amerikanische Negerproblem entwickelte analoge Idee, daß bei freier Entfaltungsmöglichkeit aller sozioökonomischer Einflußfaktoren Kumulationen zu beobachten sind, die die Ausgangslage verändern,[14] z. B. die Wanderung der Landbevölkerung in die Industriezentren. Dabei können sich solche Wirkungen im Ablauf noch selbst verstärken, wenn durch Bevölkerungswanderungen Entleerungsgebiete entstehen, die auch für diejenigen nicht mehr attraktiv sind, die den ursprünglichen Zustand noch akzeptiert hätten. Bei den räumlichen Effekten des offiziellen

---

13 So gibt es beispielsweise im Welttextilabkommen (WTA), das 1977 verlängert wurde, eine den Freihandelsgrundsätzen zuwiderlaufende Regelung, die eine angemessene Beteiligung der Entwicklungsländer an den Weltmärkten verhindert. Vgl. *Schmidt*, P.-G., Das Welttextilabkommen - Hydra des Protektionismus? in: Wirtschaftsdienst 1981/IX, S. 446 ff. Andererseits sind die Entwicklungsländer und besonders die sogenannten Schwellenlander auf verschiedenen Märkten durchaus auf dem Vormarsch. So stammen mittlerweile etwa 44 % aller von den Industrieländern importierten Handtaschen und Reiseartikel aus Schwellenländern. Vgl. Informationsdienst des Instituts der deutschen Wirtschaft 1981/41, S. 1.

14 Vgl. *Mydral*, G., Ökonomische Theorie und unterentwickelte Regionen, Stuttgart 1959.

Geld- und Kreditwesens lassen sich zwei Erscheinungsformen unterscheiden, die im folgenden kurz beschrieben werden:

1. Hypothese: Es kommt zu einem unterdurchschnittlichen Ausbau der offiziellen finanziellen Infrastruktur in den subsistenzwirtschaftlichen Räumen.

Legitimes Ziel privater Kreditinstitute in marktwirtschaftlich geprägten Wirtschaftssystemen ist es, nach möglichst hohem Gewinn zu streben. Davon ausgehend wird der Auf- und Ausbau des Filialnetzes unter dem Aspekt geprüft werden müssen, ob sich die Eröffnung einer Zweigstelle im ländlichen Raum „rentiert", wenn dort nur eine relativ geringe Zahl potentieller Kunden vorhanden ist, die auf der Einlagen- und Kreditseite einen recht bescheidenen Umsatz erwarten läßt. Liegen zuverlässige Schätzungen vor, die man durch bereits vorhandene Zweigstellen in vergleichbaren Räumen erhalten kann, läßt sich die Frage relativ leicht beantworten. Sind die betriebswirtschaftlichen Kosten (Zinsen auf Einlagen + übrige Kosten) höher als die Erträge (Zinsen für Kredite + übrige Erträge), rentiert sich eine Niederlassung unter dem Ziel der Gewinnmaximierung nicht. Dieses Ergebnis kann durch eine Reihe von Nebenzielen relativiert werden, so etwa, wenn man das Gewinnziel dem Ziel der Umsatzmaximierung unterordnet und kurz- und mittelfristig kleinere Verluste bei Zweigstellen in Kauf nimmt, um langfristig auch an den heute noch nicht rentablen Plätzen präsent zu sein. Diese „Brückenkopffunktion" wird ein langfristig planendes Unternehmen nicht vernachlässigen dürfen. Aber selbst unter Berücksichtigung solcher Nebenziele wird es gerade in Entwicklungsländern Räume geben, die für private Kreditinstitute auch längerfristig nicht attraktiv genug sind, d. h. wo unter Abwägung aller Faktoren der betriebswirtschaftliche Ertrag auch langfristig keine Kostendeckung zuläßt. Diese These wird durch die Situation in den ärmeren Räumen der Entwicklungsländer bestätigt (vgl. Abschnitt 4.4). Die Folge ist, daß es im offiziellen Bereich des Geld- und Kreditwesens der Entwicklungsländer häufig „weiße" Flecken gibt. Denn die über den privaten Nutzen hinausgehenden, positiven gesamtwirtschaftlichen Effekte, die durch ein flächendeckendes Kreditsystem hervorgerufen werden, schlagen sich in der Gewinn- und Verlustrechnung der Kreditinstitute selbst nicht unmittelbar nieder. Solange es aber keine anderen Stimuli gibt, in diese Gebiete zu gehen (etwa Steuerermäßigungen, Subventionen u. ä.), unterbleibt dort der Ausbau einer ausreichenden finanziellen Infrastruktur, falls nicht andere Institutionen einspringen, die nicht bzw. nicht nur privatwirtschaftlichen Zielsetzungen unterworfen sind (verstaatlichte Geschäftsbanken, Genossenschaftsbanken, Entwicklungsbanken usw.).

2. Hypothese: Unabhängig vom Ausbau der offiziellen finanziellen Infrastruktur kommt es zu einem Transfer des Kreditpotentials aus den subsistenzwirtschaftlichen Gebieten in die entwickelteren Räume.

Die ertragsorientierten privatwirtschaftlichen Kreditinstitute werden Kredite aus ihrem Einlagenvolumen dahin vergeben, wo der vergleichsweise höchste Ertrag unter Berücksichtigung des Risikos zu erwarten ist. In dualen Volkswirtschaften mit subsistenzwirtschaftlichen Räumen haben die entwickelteren Gebiete einen Vorsprung in der wirtschaftlichen Entwicklung. Sie haben die bessere Infrastruktur, können bereits auf größere Erfahrungen bei Produktion und Absatz von Gütern zurückblicken und verfügen über die größere politische und wirtschaftliche Macht. In weniger entwickelten Räumen sind bei neuen Projekten Ertrag und Risiko meist schwerer abzuschätzen, es gibt nicht die erforderlichen finanziellen Eigenmittel und die geeigneten Techniker und Unternehmer mit nationalen und internationalen Verbindungen. Diese Tatsache führt dazu, daß die am Gewinn orientierten Institute Kredite eher in wirtschaftlich entwickeltere Gebiete vergeben. Als Folge davon findet ein „Abfluß" des Kreditpotentials auf der Basis der Einlagen der subsistenzwirtschaftlichen Bereiche in die entwickelten Räume statt (vgl. Abschnitt 4.4.4). Es sind nun Rückwirkungseffekte denkbar, welche die bisher beschriebene ursprüngliche Wirkung abschwächen, zum Stillstand bringen oder gar umkehren können. Diese Wirkungen können endogen sein, wenn z. B. ein Überangebot an Krediten in den entwickelteren Räumen zu beobachten ist. Als Folge davon können die Kreditzinsen sinken und risikoreichere und/oder ertragsschwächere Investitionen in weniger entwickelten Räumen werden konkurrenzfähig. Möglich sind auch Kräfte, die von außen (exogen) kommen, z. B. Subventionen des Staates.[15]

[15] *Myrdal* spricht bei den ursprünglichen Effekten von „back-wash" – und bei den Rückwirkungseffekten von „spread"-Effekten. *Hirschman* nennt diese Wirkungen „polarization"-Effekte bzw. „trickling-down"-Effekte. Vgl. *Hirschman,* A. O., The Strategy of Economic Development, New Haven 1958, S. 187 ff. Der Ausdruck „trickling-down" weist darauf hin, daß Hirschman annimmt, die Rückwirkungseffekte führten zu einem Gleichgewicht, ohne daß diese räumlichen Effekte weiterhin auftreten. Allerdings schließt *Hirschman* bei dieser Annahme politische Maßnahmen aus, d. h. nach seiner Einschätzung führen die endogenen Kräfte früher oder später zu einem solchen Gleichgewicht. Dieser Optimismus wird von *Myrdal* nicht geteilt. Vgl. *Myrdal,* G., S. 30. *Steinmann* führt in die Diskussion noch sog. „defence"-Effekte ein, womit er berücksichtigt, „daß sich in den negativ betroffenen Sozialgebilden in spontaner Reaktion, d. h. ohne politische und externe Einflußnahme, vielfach Verhaltensweisen herausbilden werden, die sich in Maßnahmen zur Abschwächung oder Unterbindung der backwash-Effekte niederschlagen". Diese gehören in der hier benutzten Terminologie zu den endogenen Rückwirkungseffekten. Vgl. *Steinmann,* B., Räumliche „backwash"- und „spread"-Effekte des Kreditsystems der Bundesrepublik Deutschland, in: Jochimsen, R. von/Simonis, U. E. (Hrsg.), Theorie und Praxis der Infrastrukturpolitik, Berlin 1970, S. 478.

Wenn es zu solchen räumlichen Effekten durch das Geld- und Kreditwesen kommt, welche die räumlichen Entwicklungsgefälle weiter vergrößern, ohne daß dies durch (nichtsstaatliche) Rückwirkungseffekte ausgeglichen wird, muß der Staat für eine Gegenkraft sorgen. Damit ist in diesem Zusammenhang insbesondere der Abbau der durch das Kreditwesen verursachten zusätzlichen Disparitäten gemeint. Das übergreifende wirtschaftspolitische Ziel, nämlich die ohnehin vorhandenen Gefälle bei Wohlstand und wirtschaftlicher Entwicklung zu beseitigen, bleibt davon unberührt. Letzteres kann mit einem Maßnahmekatalog geschehen, wie er z. B. im Rahmen der Gemeinschaftsaufgabe „Verbesserung der regionalen Wirtschaftsstruktur" in der Bundesrepublik Deutschland vorhanden ist. Aus alledem folgt, daß das gesamte System der finanziellen Infrastruktur auch für regionalpolitische Ziele in Anspruch genommen werden sollte. Darauf wird später noch näher eingegangen (vgl. Abschnitt D).

Im folgenden wird versucht, den Nachweis für die Existenz solcher räumlicher Effekte des Geld- und Kreditwesens in Pakistan und vor allem in Indien zu führen.

3. Pakistan vor der Sezession

Die bei der Gründung von Pakistan bestehende relativ geringe Wohlstandsdiskrepanz, gemessen am Pro-Kopf-Einkommen, zwischen den beiden durch den Subkontinent Indien getrennten Landesteile Ost- und Westpakistan hat sich bis zur Unabhängigkeit und Staatsgründung von Bangladesh (zuvor Ostpakistan) im März 1971 ständig vergrößert. 1949/50 betrug das Pro-Kopf-Einkommen in Westpakistan 351 Rupien (Rs.), in Ostpakistan 288. 1969/70 liegen die Werte bei 533 bzw. 331 Rs., d. h. die Diskrepanz hat sich in 20 Jahren von 63 auf 202 Rs. erhöht, also mehr als verdreifacht (vgl. Abbildung 1). Auch unter Hinzuziehung anderer Wohlstandsindikatoren wird dieses Bild bestätigt.[16]

Die vergleichsweise geringen Unterschiede im Jahre 1949/50 haben ihre Ursache in der damals bereits unterschiedlichen Ausstattung der beiden Landesteile mit Produktionsfaktoren. Im Vergleich zu Indien gab es bei der Staatsgründung von Pakistan insgesamt gesehen nur wenig Industrie, die sich außerdem fast ausschließlich auf Westpakistan konzentrierte. Der Anteil der Landwirtschaft am Bruttoinlandsprodukt betrug 1949/50 in Westpakistan 54 % gegenüber 65 % im Osten. Auch in der Ausstattung der Infra-

---

[16] Vgl. *Urff,* W. von/*Ahrens,* H./*Lutz,* P./*May,* B./*Zingel,* W.-P., Die wirtschaftliche Situation Pakistans nach der Sezession Bangladeshs, Wiesbaden 1974, S. 39 f.

struktur war Ostpakistan gegenüber Westpakistan deutlich im Rückstand. Schließlich gab es ein deutliches Gefälle in der für die wirtschaftliche Entwicklung so bedeutsamen Qualität des Faktors Arbeit. Durch die Teilung des indischen Subkontinents kam es zu Bevölkerungsbewegungen, besonders aus religiösen Gründen. Die islamischen Angehörigen des Bürgertums aus den indischen Metropolen wanderten nach Westpakistan aus und bildeten dort die Basis eines dynamischen Unternehmertums. Nach Ostpakistan wanderten hingegen vornehmlich Angehörige der unteren Schichten mit geringeren finanziellen Mitteln und geringen innovatorischen Fähigkeiten.

Ausgehend von dieser Situation wäre eine aktive und auf die unterschiedlichen Ausgangspositionen beider Landesteile ausgerichtete Wirtschaftspolitik erforderlich gewesen, um eine ausgeglichene Raumstruktur oder die Einheitlichkeit der Lebensverhältnisse zu erreichen. Dazu wäre der Ausbau der Infrastruktur, die Ansiedlung geeigneter Industrien und eine erhebliche Verbesserung von Bildung und Ausbildung mit Schwerpunkt in Ostpakistan notwendig gewesen.

Tatsächlich wurde das Gegenteil dieser Erfordernisse in einem Ausmaß getan, das nur verwundern kann. Obwohl der Bevölkerungsanteil von Ostpakistan größer war (1959/51–1954/55 durchschnittlich 38,9 Mio. in Westpakistan gegenüber 45,4 Mio. in Ostpakistan) hat sich die überwiegend aus dem Westen stammende Führungsschicht in Staat und Wirtschaft dahingehend durchgesetzt, daß Westpakistan die weitaus größeren Mittel zur wirtschaftlichen Entwicklung bekam. So waren die laufenden öffentlichen Ausgaben pro Einwohner über den gesamten Betrachtungszeitraum von 1950/51 bis 1969/70 in Westpakistan stets etwa viermal so hoch wie in Ostpakistan (vgl. Abbildung 4). Nicht einmal bei den öffentlichen Entwicklungsausgaben wurde eine Verteilung zugunsten des ärmeren Ostens betrieben. Das von Anfang an bestehende Gefälle zugunsten des Westens hat sich sogar noch leicht vergrößert (vgl. Abbildung 5). Genau zu diesem Bild des staatlichen Sektors paßt das Verhalten im Unternehmensbereich. Auch die privaten Investitionen haben das Gefälle mit Bezug auf die Ausstattung mit dem Faktor Sachkapital laufend vergrößert. Sie waren in Westpakistan mehr als dreimal so hoch wie in Ostpakistan (vgl. Abbildung 3). Es kann daher nicht verwundern, wenn sich diese extremen Unterschiede allein bei den drei hier untersuchten Größen im Niveau der wirtschaftlichen Entwicklung und damit im Pro-Kopf-Einkommen widerspiegeln (vgl. Abbildung 1 und 2).

Aber nicht nur diese für die wirtschaftliche Entwicklung maßgebenden Größen auf staatlicher und unternehmerischer Ebene trugen zu dieser Diskrepanz bei. „Einer der entscheidendsten Faktoren, die zur Vertiefung der

Abbildung 1: BIP pro Kopf in Pakistan von 1950/51 bis 1969/70 (in Rs.)

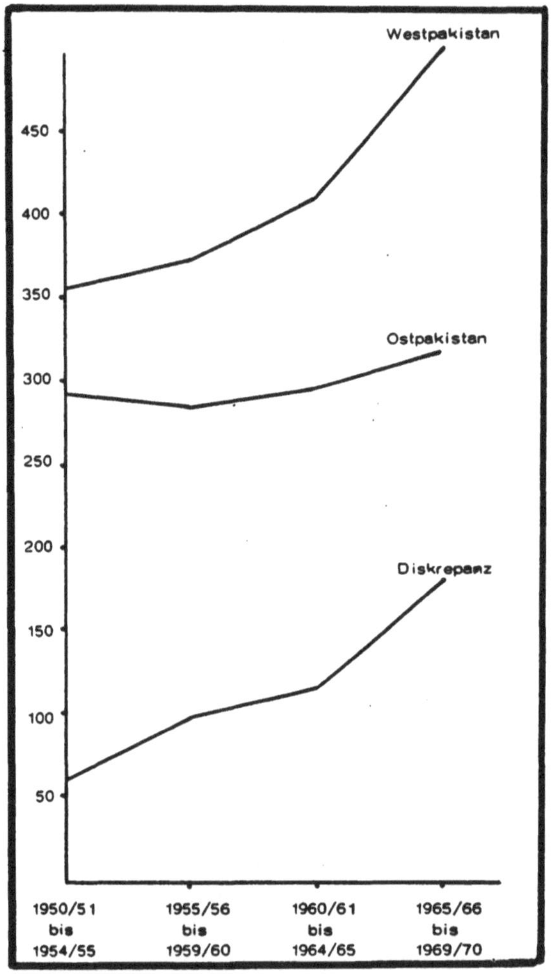

Die Zahlen zu den Abbildungen 1 bis 5 wurden folgenden Quellen entnommen bzw. auf der Basis der dort angegebenen Daten errechnet: Urff, W. von u.a., Die wirtschaftliche Situation Pakistans nach der Sezession Bangladeshs, Wiesbaden 1974, S. 39 ff., Government of Pakistans, Central Statistical Office, Monthly Statistical Bulletins, Ministry of Finance, Pakistan Economic Survey, Planning Commission, Reports of the Advisory Panels for the Fourth Five Year Plan (1970-75), Islamabad 1970.

Abbildung 2: Private Investitionen + laufende öffentliche Ausgaben + öffentliche Entwicklungsausgaben pro Kopf in Pakistan von 1950/51 bis 1969/70 (in Rs.)

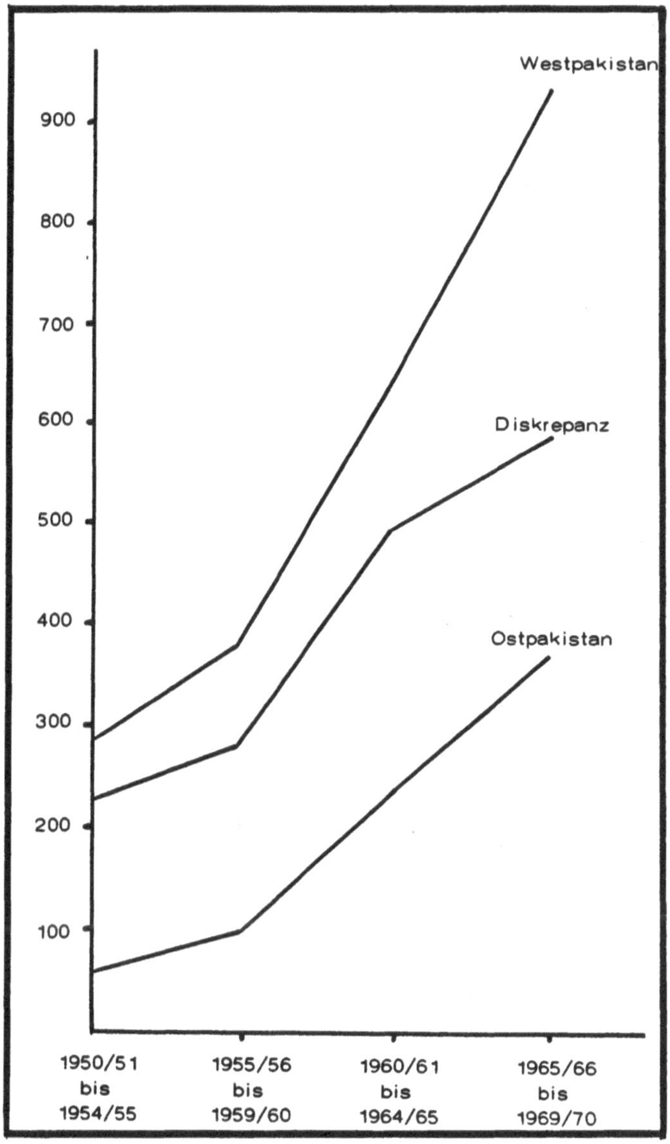

Quelle: Vgl. Abbildung 1.

Abbildung 3: Private Investitionen pro Kopf in Pakistan von 1950/51 bis 1969/70 (in Rs.)

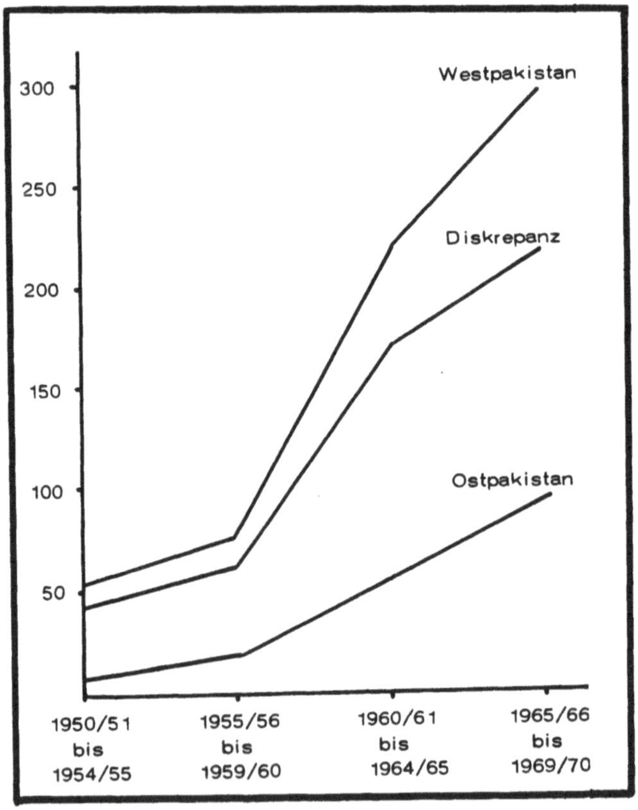

Quelle: Vgl. Abbildung 1.

Abbildung 4: Öffentliche Ausgaben pro Kopf in Pakistan von 1950/51 bis 1969/70 (in Rs.)

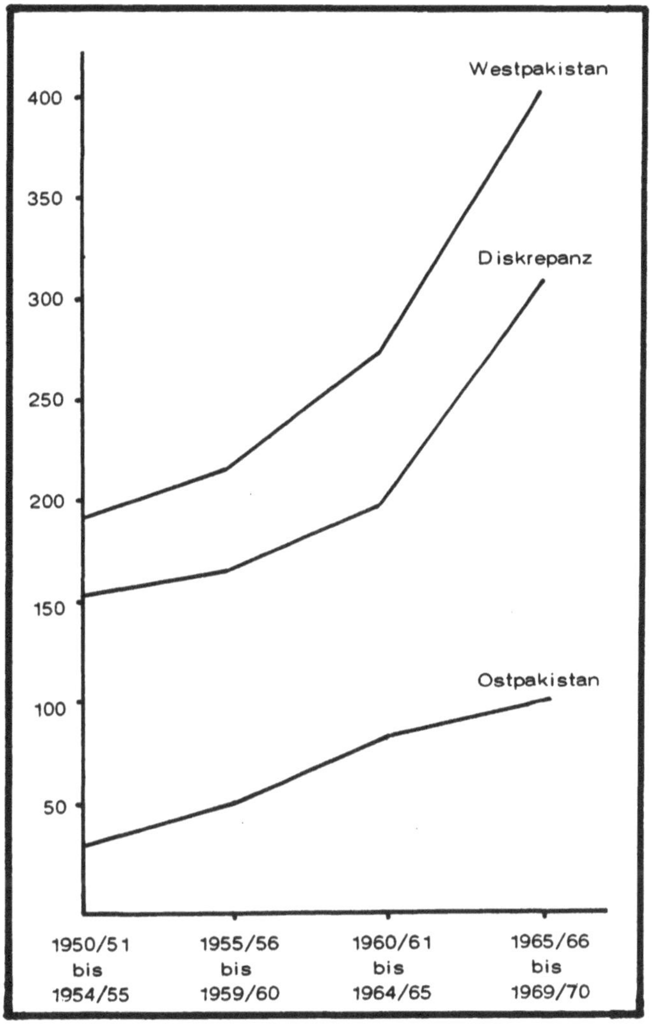

Quelle: Vgl. Abbildung 1.

Abbildung 5: Öffentliche Entwicklungsausgaben pro Kopf in Pakistan von 1950/51 bis 1969/70 (in Rs.)

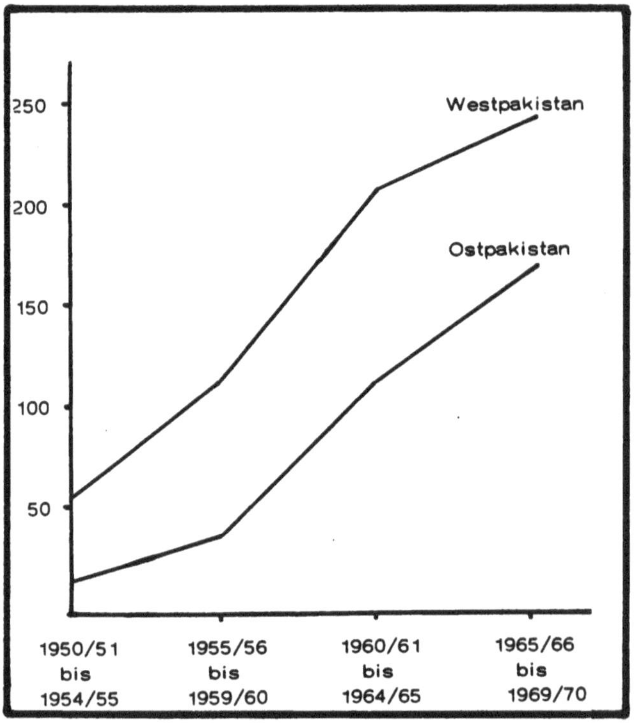

Quelle: Vgl. Abbildung 1.

regionalen Disparität zwischen Ost- und Westpakistan beitrugen, dürfte die Außenhandelspolitik gewesen sein. Die durch die Devinsenbewirtschaftung ermöglichte Überbewertung der Rupie wirkte sich in doppelter Weise zugunsten Westpakistans aus. Da Westpakistan wesentlich mehr importierte, kam es in erster Linie in den Genuß der künstlich verbilligten Einfuhren, vor allem von Kapitalgütern und Rohstoffen. Außerdem fielen die mit der billigeren Einfuhr verbundenen Gewinne überwiegend in Westpakistan an und wurden dort zur Finanzierung von Investitionen im Industriesektor verwendet. Der durch einen hohen Protektionsgrad geschützte Markt für industrielle Konsumgüter kam infolge der regionalen Verteilung dieser Industrie ebenfalls in erster Linie Westpakistan zugute. Soweit diese Güter in Ostpakistan abgesetzt wurden, das seinerseits vor allem Erzeugnisse nach Westpakistan lieferte, deren Preise die Weltmarktpreise weniger stark überstiegen, wurde ein Kapitaltransfer von Ost- nach Westpakistan induziert, der seinerseits wieder zur Verstärkung der Investitionen in Westpakistan beitrug."[17]

Die den Abbildungen 1 bis 5 zugrunde liegenden Zahlen gehen im wesentlichen auf die Ergebnisse zweier Forschungsaufträge zurück, die das Institut für international vergleichende Agrarpolitik und Agrarsoziologie am Südasien-Institut der Universität Heidelberg im Auftrag des BMZ von 1971 bis 1973 durchführte. In der zusammenfassenden Veröffentlichung dieser Forschungsaufträge heißt es: „Für ein vollständiges Bild wäre es notwendig, in einem dreipoligen Schema für jeden der beiden Landesteile alle Leistungs- und Kapitalströme von und zu dem jeweils anderen Landesteil sowie dem Ausland zu erfassen. Eine solche vollständige Darstellung scheitert jedoch an den Unzulänglichkeiten der statistischen Daten.[18]

Zusammenfassend läßt sich festhalten, daß es durch die staatlichen und unternehmerischen Ausgaben zu einem erheblichen Ressourcentransfer von Ost nach West gekommen ist. Es wird die Vermutung geäußert, daß sich dieser Transfer zu einem beträchtlichen Teil „über Bewegungen von Sparkapital über das Banken- und Versicherungssystem, über die unterschiedlichen Anteile der beiden Landesteile an den Staatseinnahmen und -ausgaben sowie über die – um die Neuinvestitionen saldierten – Gewinnrückflüsse westpakistanischer Unternehmer in Ostpakistan vollzog".[19]

Das Beispiel Pakistan zeigt, wie eine durch die zuvor näher beschriebenen Faktoren (vgl. Abbildung 2) hervorgerufene unterschiedliche wirtschaftliche

[17] *Urff*, W. u. a., S. 44 f.
[18] *Urff*, W. u. a., S. 48.
[19] Ebenda.

Entwicklung (vgl. Abbildung 1) sogar zum Auseinanderfallen eines Staates beitragen kann. Eine genauere Analyse müßte natürlich noch einen weiteren Schritt zurückgehen und wiederum die Ursachen für das Verhalten von Staat und Wirtschaft untersuchen. Besonders würde hier das Verhalten der privaten Investoren interessieren, die ihre Investitionen teilweise mit Fremdkapital finanzieren. Bei ihnen werden neben wirtschaftlichen Erwägungen (größtmögliche Rentabilität der Investitionen) sicher auch andere Überlegungen eine Rolle gespielt haben (z. B. Furcht vor Totalverlusten der Investitionen in dem weit von Westpakistan entfernten Ostpakistan mit größeren politischen Risiken). Die monokausale Vorstellung, Geldkapital würde automatisch in die bestmöglichen Anlagen fließen und zu den effizientesten Investitionen werden, was wiederum die schnellste wirtschaftliche Entwicklung ermöglicht, erscheint angesichts der Vielfalt der Bestimmungsgründe in dem hier erörterten Fall und allgemein für die Entwicklungsländer nicht zulässig. Immerhin ist das Rentabilitätskalkül ein gewichtiges Argument unter anderen. Aktive Entwicklungspolitik ist nicht nur Globalpolitik, sondern besonders auch Regionalpolitik. Der Staat sollte die für eine landesweite Entwicklung erforderlichen - auch politisch stabilen - Rahmenbedingungen schaffen (z. B. Angleichung der Infrastruktureinrichtungen, Bildung und Ausbildung, Auf- und Ausbau der finanziellen Infrastruktur), damit das Kapital in jene Bereiche fließt, die natürliche Ressourcen aufweisen, wozu insbesondere ein großes Arbeitskräftereservoir zählt. Bereits vorhandene Entwicklungszentren oder mittlerweile weitgehend entwickelte Räume mit ihren Fühlungsvorteilen sind nicht automatisch auch als Standorte mit natürlichen Wettbewerbsvorteilen anzusehen. Hier sollte die Wirtschaftspolitik Ausgleiche schaffen, damit auch andere Regionen und Standorte mit geeigneten natürlichen Gegebenheiten den durch die bereits bestehende ungleiche reale Kapitalakkumulation entstandenen Nachteil aufholen können.

4. Indien: Geschäftsbanken, Poststellen und Entwicklungshilfedarlehen

Die Ausführungen im vorherigen Abschnitt über West- und Ostpakistan haben einige für die wirtschaftliche Entwicklung wichtige Größen hervorgehoben. Dabei handelte es sich um laufende öffentliche Ausgaben, öffentliche Entwicklungsausgaben und private Investitionsausgaben, wie sie sich auf beide Landesteile tatsächlich verteilten. Auf die Frage, woher die für diese Ausgaben erforderlichen Finanzmittel kamen, konnte keine ausreichende Antwort gegeben werden. Es wäre sicher noch aufschlußreicher gewesen, hätte man zeigen können, daß etwa aus dem Steueraufkommen ein Nettoabfluß nach Westpakistan stattgefunden hat. Besonders interessant wären Daten über die Herkunft der Gelder für die privaten Investitionen gewesen. Immerhin erlaubte die Außenhandelssituation einen wichtigen Hinweis. Denn durch Unterschiede bei den Importen kam Westpakistan aufgrund der durch die Devisenbewirtschaftung hervorgerufenen Überbewertung der Rupie zu verbilligten Einfuhren, und die damit möglichen zusätzlichen Gewinne fielen überwiegend im Westen an. Ein ähnlicher Effekt wurde durch die staatliche Reglementierung von Güterpreisen erzielt. So lagen für Warenlieferungen von West nach Ost die Preise über, für Lieferungen von Ost nach West unter den Weltmarktpreisen. Auch dadurch wurde Westpakistan „verdeckt" in seiner wirtschaftlichen Entwicklung begünstigt und Ostpakistan benachteiligt.

Zur Verdeutlichung dieses Vorgangs sei auf die erdölproduzierenden Länder hingewiesen, die lange Jahre den Rohstoff Öl zu Niedrigstpreisen an die Industriestaaten lieferten. Wäre ein Preis zwischen gleichgewichtigen Partnern unter Wettbewerbsbedingungen zustande gekommen, hätte dieser vermutlich wesentlich höher gelegen. Ein Hinweis darauf gibt das heutige Preisniveau (z. B. stieg der Rohölpreis in US-$ von 1973 bis 1982 um über 900 %). Die Differenz zwischen dem früheren Niedrigstpreis und dem erreichbaren Marktpreis, multipliziert mit der Menge, ergibt den tatsächlichen Wohlstandstransfer, der jahrelang zugunsten der Industriestaaten stattfand. Es kann davon ausgegangen wereen, daß es diese Situation auch heute noch bei vielen Welthandelsgütern gibt, seien es Rohstoffe, land- und forstwirtschaftliche Produkte oder andere Güter, die von großen marktbeherrschenden multinationalen Konzernen zu „überraschend" niedrigen Preisen von den Entwicklungsländern gekauft werden können.

Für Pakistan konnten nur die realen Auswirkungen der monetären Verschiebungen gemessen werden. Über die dahinter stehenden Effekte der finanziellen Infrastruktur und der öffentlichen Finanzen konnte es lediglich Vermutungen geben. Im folgenden soll auf Indien näher eingegangen werden, mit der Ausgangshypothese, daß die Verteilung der Finanzmittel zum Nachteil der weniger entwickelten Regionen erfolgte. Dazu werden aus der finanziellen Infrastruktur die Teilbereiche Banken, Post und Entwicklungshilfedarlehen ausgewählt und auf ihre räumlichen Effekte hin untersucht. Das Ziel ist, die finanziellen Hintergründe der wirtschaftlichen Wohlstandsentwicklung zu erhellen.

Bevor auf die Verhältnisse in Indien eingegangen wird, sei darauf hingeweisen, wie schwierig und zeitraubend es ist, geeignetes Material über einzelne Entwicklungsländer zu bekommen, falls es überhaupt statistisch erfaßte Zahlen gibt. Es braucht nicht betont zu werden, daß sich diese Schwierigkeiten potenzieren, wenn man sogar regional gegliederte Daten braucht, die zur Untermauerung der in dieser Arbeit aufgestellten Hypothesen notwendig sind.[20] Da Indien in einzelne Gliedstaaten und Unionsterritorien aufgeteilt ist, konnte wenigstens von diesem Subkontinent regional gegliedertes Zahlenmaterial beschafft werden. Bevor mit der empirischen Untersuchung und Auswertung der Zahlen aus der finanziellen Infrastruktur begonnen wird, erscheint es sinnvoll, ganz kurz die allgemeinen sozialen und ökonomischen Verhältnisse zu umreißen und besonders das indische Bankensystem zu skizzieren.

4.1. Die sozialen und ökonomischen Verhältnisse

Indien ist mit fast 3,3 Mio. km² und 1979 über 640 Mio. Bevölkerung ein Subkontinent. Die größten Städte sind Calcutta, das mit seinen städtischen Randregionen 8,5 Mio. Einwohner hatte, gefolgt von Bombay mit über 6 Mio. und New Delhi mit ca. 4 Mio. Diese Zahlen aus dem Jahr 1975/76 dürften sicher schon überholt sein, da z. B. für New Delhi im Jahr 1978 schon ca. 5,5 Mio. geschätzt wurden.

Die Landessprache ist Hindi, als Handelssprache wird Englisch benutzt. Ferner gibt es daneben 14 gleichberechtigte Regionalsprachen. Über 80 % der Bevölkerung sind Hindus, über 10 % Moslems, 2,6 % Christen, 1,9 % Sikhs, 0,7 % Buddhisten. Ferner gibt es eine Reihe kleinerer Religionsgemeinschaften.

Indien wurde im August 1947 unabhängig. Es ist eine demokratische Republik mit bundesstaatlicher Gliederung, gehört dem Commonwealth an, fühlt sich aber den blockfreien Staaten zugehörig und ist Mitglied der UN. Nach dem englischen Vorbild gibt es ein Zweikammerparlament mit Staatenrat und Unterhaus. Indien besteht aus 22 Gliedstaaten und 9 Unionsterritorien. Von der Bevölkerungszahl spielen die Unionsterritorien keine be-

[20] In Indien bestellte Literatur benötigt sehr lange Zeit oder wird überhaupt nicht geliefert. Nur durch einen Zufall konnte beispielsweise das Yearbook 1980 von Indien beschafft werden, worüber sich der Sachbearbeiter für Indien beim Statistischen Bundesamt in Wiesbaden wunderte, der als neuestes nur über das Jahrbuch von 1978 verfügt. Im übrigen gilt allgemein: „Bei Statistiken von Entwicklungsländern ist zu berücksichtigen, daß hinsichtlich des sachlichen und zeitlichen Ausmaßes und auch bezüglich ihrer Zuverlässigkeit nicht in jedem Fall derselbe Maßstab angelegt werden darf wie an Statistiken in Industrieländern.“ Statistisches Bundesamt, Länderkurzbericht Indien, Wiesbaden 1979, S. 3.

Tabelle 1: Fläche, Bevölkerung und NSP pro Kopf in den Gliedstaaten Indiens

	A	B			C	D
Gliedstaaten		1971	1976	1979	1979	75/76
1 Haryana	44,2	10,04	11,2	11,8	267	471
2 Himachal Pradesh	55,7	3,46	3,7	3,8	68	361
3 Jammu & Kashmir	222,2	4,62	5,1	5,4	24	329
4 Punjab	50,4	13,55	15,0	15,8	313	551
5 Rajastan	342,2	25,77	29,0	30,7	90	311
6 Assam	78,5	14,63	17,0	18,7	188	374
7 Bihar	173,9	56,35	61,8	64,4	370	214
8 Orissa	155,8	21,95	24,4	25,8	166	288
9 West Bengal	87,9	44,31	49,8	53,2	605	384
10 Madhya Pradesh	442,8	41,65	47,2	50,3	114	281
11 Uttar Pradesh	294,4	88,34	96,2	99,7	339	270
12 Gujarat	196,0	26,70	30,3	32,2	164	395
13 Maharashtra	307,8	50,41	56,3	59,5	193	478
14 Andhra Pradesh	276,8	43,50	47,9	50,0	181	330
15 Karnataka	191,8	29,30	32,4	34,1	178	407
16 Kerala	38,9	21,35	24,0	25,2	648	297
17 Tamil Nadu	130,1	41,20	45,4	47,3	364	358
18 Delhi	1,5	4,07	5,1	-	3400	799
1 bis 18	3090,9	541,20	601,8	627,9	-	-
Sonstige	197,1	7,00	7,7	13,5	-	-
INDIEN	3288,0	548,20	609,5	641,4	195	363

A Bevölkerung in 1000 km^2

B Bevölkerung in Mio.

C Einwohner je km^2

D NSP zu Faktorkosten pro Kopf in Rs. zu Preisen von 1960/61

Die obigen Zahlen wurden folgenden Quellen entnommen bzw. auf der Basis der dort angegebenen Daten errechnet: Statistisches Bundesamt, Länderkurzbericht Indien, Wiesbaden 1979, S. 14, World Bank, Economic Situation and Prospects of India, Report No. 2933-IN, Washington 1980, S. 165, Manorama Yearbook, Kerala 1980, Tabelle 92.

deutende Rolle. Auch bei den Gliedstaaten gibt es einige kleine mit unbedeutender Bevölkerungszahl. Mit den 17 größten Gliedstaaten und Delhi hat man 94 % der Fläche und 99 % der Bevölkerung erfaßt (vgl. Tabelle 1).

Das Gesundheitswesen muß als unzureichend angesehen werden. Das gleiche gilt für das Bildungswesen (der Anteil der Analphabeten wurde 1977 auf 62 % geschätzt). Von allen Erwerbstätigen waren fast drei Viertel in der Landwirtschaft beschäftigt, der Rest entfällt auf das produzierende Gewerbe und den Dienstleistungsbereich. Die wichtigsten Erzeugnisse sind Hülsenfrüchte, Reis, Tee, Jute, Baumwolle, Kohle, Eisenerz und Fertigstahl.[21]

Geht man auf das Wohlstandsniveau Indiens genauer ein, wofür das NSP zu Faktorkosten pro Kopf zu festen Preisen als Indikator dienen soll, so fällt auf, daß es ein Gefälle gibt, welches von 214 Rs. in Bihar bis 551 Rs. in Punjab bzw. gar bis 799 pro Kopf in Delhi reicht. Aber nicht nur das darin zum Ausdruck kommende Wohlstandsgefälle ist extrem. Auch die Zuwachsraten sind sehr unterschiedlich. So weist beispielsweise Karnataka mit 121 Rs. ein sehr hohes Wachstum im Zeitraum von 1960/61 bis 1975/76 auf, während im ohnehin ärmsten Bihar im gleichen Zeitraum sogar ein leichter Rückgang zu beobachten ist. Das besonders starke Wachstum in Punjab und Haryana mag mit den Besonderheiten dieser Regionen (Punjab ist ein außerordentlich fruchtbares Land; die Hälfte der Bevölkerung besteht aus Sikhs, die kein Kastensystem haben, das wirtschaftliche Entwicklungen hemmt), aber auch mit der geographischen Lage um das besonders weit in der Entwicklung fortgeschrittene Zentrum Delhi zusammenhängen. Auf jeden Fall läßt sich sich erkennen, daß – von wenigen Ausnahmen abgesehen – die Regionen mit höherem Wohlstandsniveau (Karnataka, Haryana, Maharashtra, Punjab und Delhi) den Abstand zu den „ärmeren" absolut und relativ vergrößert haben (vgl. Abbildung 6). Dies erinnert, wenn auch nicht in der Deutlichkeit, an die Entwicklung in West- und Ostpakistan und läßt den Schluß zu, daß es auch in Indien offensichtlich keine oder zumindest keine wirksame Regionalpolitik mit dem Ziel gegeben hat, das Wohlstandsgefälle abzubauen.

Die Ursachen für diese Tendenz dürften vielfältig sein. Entsprechend der Fragestellung dieser Arbeit soll jedoch nur untersucht werden, welche Rolle die finanzielle Infrastruktur bei dieser unausgeglichenen wirtschaftlichen Entwicklung gespielt hat. Dazu wird im folgenden auf einen sehr wichtigen

---

21 Zur Vertiefung sei auf die Originalquellen verwiesen, aus denen die hier aufgeführten Informationen zum überwiegenden Teil stammen: Statistisches Bundesamt, Länderkurzbericht Indien, Wiesbaden 1979, Ostasiatischer Verein e. V., Ostasien, Südasien, Südostasien, Wirtschaft 1980, Hamburg 1980, S. 163 ff.

Abbildung 6: NSP pro Kopf 1976 und Wachstum von 1961 bis 1976 in den Gliedstaaten Indiens

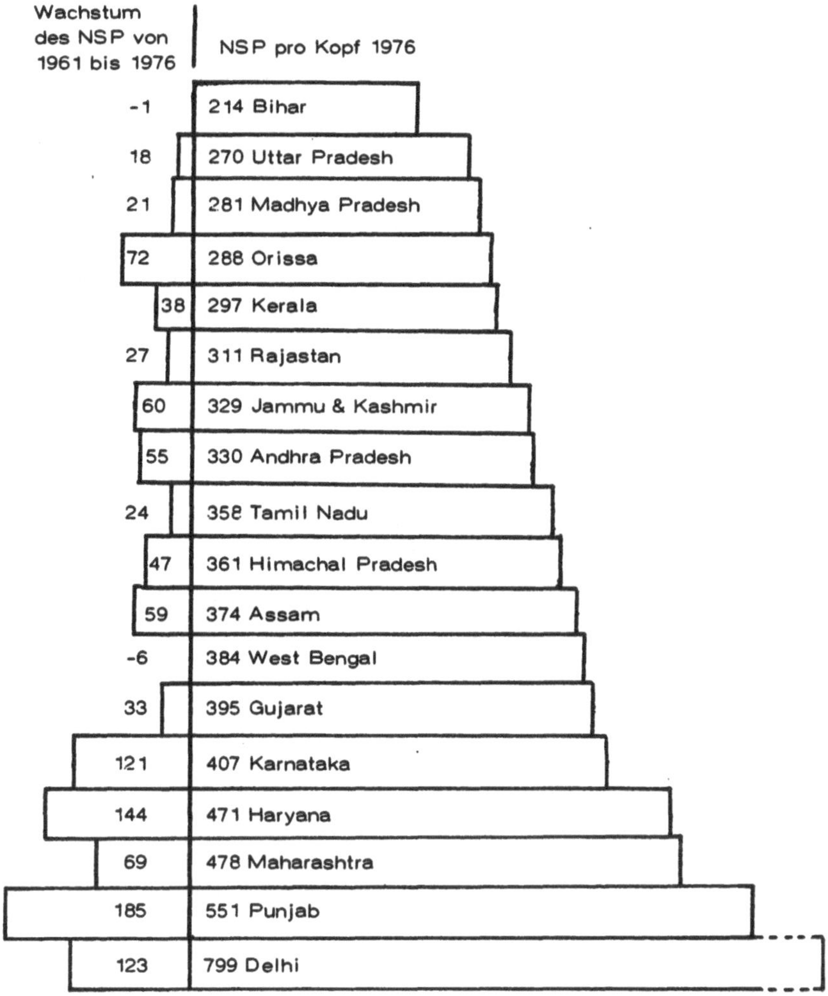

Quelle: Vgl. Tabelle 3.

Teil der finanziellen Infrastruktur genauer eingegangen, auf die Geschäftsbanken.

4.2. Das Bankensystem

Bevor die indischen Geschäftsbanken untersucht werden, sei zunächst das gesamte Bankensystem Indiens vorgestellt.[22] Zuvor sei zitiert, was das Statistische Bundesamt über Geld und Kredit, öffentliche Finanzen sowie Preise und Löhne in Indien sagt. Diese Aussagen über wichtige Teile der finanziellen Infrastruktur erscheinen als Hintergrundinformation für die folgenden Abschnitte notwendig:

„Geld und Kredit: Die indische Rupie (iR) ist frei konvertierbar. Das Dezimalsystem für die Währung wurde 1957 eingeführt; seitdem entspricht eine Rupie 100 Paise. Für höhere Geldbeträge sind die Einheiten Lakh (= 100 000 Rupien) und Crore (= 10 000 Rupien) gebräuchlich. Nachdem im Verlauf der internationalen Währungskrise die Wechselkurse freigegeben wurden, hat die indische Regierung im Februar 1973 beschlossen, das Pfund Sterling als Leitwährung für die indische Rupie und den bisher gleitenden Mittelkurs von 1 £ = 18,8 iR beizubehalten. Im September 1975 hat Indien die Bindung an das britische Pfund gelöst. Seitdem basiert der amtliche Rupien-Kurs auf mehreren ausländischen Währungen.

Öffentliche Finanzen: Neben dem Haushalt der Zentralregierung (Staatshaushalt) und den Haushalten der Bundesstaaten bestehen eigene Budgets für staatliche Unternehmen und öffentliche Körperschaften. Der Staatshaushalt hat sich seit der Unabhängigkeit ständig vergrößert. Hauptursachen waren die zunehmende Belastung bei der Finanzierung der Entwicklungspläne und die steigenden Verteidigungsausgaben. Da die Staatseinnahmen nicht in gleichem Maße gestiegen sind, erhöhten sich die Defizite von Jahr zu Jahr. Die erforderliche Kreditaufnahme führte zu wachsender aus- und inländischer Verschuldung. Größter ausländischer Kreditgeber ist das internationale Indien-Konsortium, dem außer der Weltbank, den Vereinigten Staaten, Kanada, Japan und der Bundesrepublik weitere acht europäische Staaten angehören. Das nach britischem Vorbild jeweils mit dem Haushaltsplan eingebrachte Finanzgesetz legt die Steuer- und Zollsätze des folgenden Jahres fest. Das Budget für 1979/80 sieht bei Ausgaben von 185,26 Mrd. iR, Einnahmen von 171,71 Mrd. iR und neuen Steuern von 6,2 Mrd. iR ein ungedecktes Defizit von 13,55 Mrd. iR (Vorjahr rd. 10,7 Mrd. iR) vor. Die gesamten öffentlichen Planausgaben sollen um 7,4 % steigen.

Preise und Löhne: Die Preisentwicklung zeigte in den letzten Jahren eine teilweise stark steigende Tendenz. Die Regierung verfügte seit 1974 zur Eindämmung der In-

22 Vgl. dazu *Hasan,* K. S., Struktur ausländischer Banksysteme: Indien, Frankfurt 1973, Bundesstelle für Außenhandelsinformation (BfA), Das Banksystem in Indien, Beilage zu den NfA, März 1978, *Mandapathil,* M., Das indische Bankensystem, Entwicklung und Struktur des Kreditwesens in einem Entwicklungsland, München 1978 (Dissertation), Ostasiatischer Verein e. V., S. 174.

flation Zwangssparmaßnahmen. Kreditrestriktionen wurden weiter verschärft und parallel dazu eine Kampagne gegen das weitverbreitete Schmuggelwesen gestartet.

Größte Unterschiede im Einkommensniveau bestehen zwischen den verschiedenen Sozialschichten. Etwa die Hälfte der Bevölkerung wird von der Geldwirtschaft nicht oder kaum berührt und kennt keine regelmäßigen Einnahmen. Rund drei Viertel der Getreideernten gelangen nicht in den Bereich der Marktwirtschaft, mehr als 40 % aller Warenumsätze auf dem Lande und rd. 10 % in den Städten erfolgen auf dem Wege des Naturaltausches.

Für die Lohn- und Gehaltsempfänger der einzelnen Wirtschaftsbereiche werden von den jeweils zuständigen Lohnbehörden (Wage Boards) Mindestlöhne und -gehälter festgesetzt. Die Arbeiter in der Industrie und im öffentlichen Dienst erhalten Teuerungszulagen, deren Höhe sich jeweils nach der Entwicklung der Nahrungsmittelpreise richtet."[23]

Das indische Bankensystem besteht aus fünf Elementen:

1. Reserve Bank of India,
2. Geschäftsbanken,
3. Genossenschaftsbanken,
4. Spezialbanken,
5. „Indigenous Bankers".

Die Geschäftsbanken sind Gegenstand des nächsten Abschnitts. Auf die „Indigenous Bankers", die im wesentlichen den inoffiziellen Teil der indischen finanziellen Infrastruktur darstellen, wird später eingegangen (vgl. Abschnitt III). Die Reserve Bank of India wird im letzten Teil (vgl. Abschnitt D. III) vor den Schlußbemerkungen analysiert. Es bleiben hier nur die Genossenschaftsbanken und die Spezialbanken sowie die wichtigsten gesetzlichen Grundlagen des indischen Bankwesens, die kurz betrachtet werden sollen:

Genossenschaftsbanken: Die Genossenschaftsbanken decken vorwiegend den Kreditbedarf der Landwirtschaft und anderer Kreditnehmer im ländlichen Bereich, die keinen Zugang zu den Geschäftsbanken haben. Beim Ausbau des Filialneztes der Geschäftsbanken können diese Aufgaben vermehrt von diesen übernommen werden. Deshalb ist geplant, daß sich die Genossenschaftsbanken schwerpunktmäßig auf die Versorgung der Landwirte mit Betriebsmitteln (Düngemittel u. ä.) konzentrieren.

Spezialbanken: Im Laufe der Jahre wurden in Indien eine Reihe von Spezialkreditinstituten gegründet, die heute alle staatlich sind:

---

23 Statistisches Bundesamt, Länderkurzbericht Indien, Wiesbaden 1979, S. 12.

1948: Industrial Finance Corporation (IFCI),
1952: State Financial Corporations (SFC),
1955: Industrial Credit and Investment Corporation of India (ICICI),
1964: Industrial Development Bank of India (IDBI)
(in ihr ging die 1958 gegründete Refinance Corporation auf).

Die IDBI ist die wichtigste Spezialbank, die als Dachorganisation für die gesamte Industrie- und Außenhandelsfinanzierung zuständig ist. Darüber hinaus gibt es noch weitere Spezialbanken, so z. B. die Industrial Reconstruction Corporation (IRCI) und der Unit Trust of India (UTI), die mit einer Kapitalbeteiligung von 50 % durch die IFCI kontrolliert werden. Schließlich wäre noch die Life Insurance Corporation (LIC) zu nennen, die 1956 durch Verstaatlichung und Verschmelzung von 245 privaten Versicherungsgesellschaften entstanden ist. Spezielle Handelsbanken, Sparkassen, Wohnungsbaugesellschaften u. ä. gibt es in Indien nicht. Diese Geschäftsbereiche werden von den Spezialbanken und Geschäftsbanken betreut.

Die wichtigsten gesetzlichen Grundlagen für das Bankwesen: Der „Indian Companies Act" (1913), der „Reserve Bank of India Act" (1934) sowie der „Banking Companies Act" (1949) mit späteren Änderungen. Die RBI legt zu Beginn des Haushaltsjahres ihre geld- und kreditpolitischen Richtlinien vor. Im RBI-Jahresbericht und besonders im „Report on Currency and Finance" wird rückblickend eine Übersicht über das Bankwesen im abgelaufenen Geschäftsjahr gegeben. Die Industrie- und Entwicklungsfinanzierung ist dem IDBI-Jahresbericht zu entnehmen.

4.3 Die Geschäftsbanken

Die größte staatliche Geschäftsbank ist die State Bank of India (SBI). Die Verstaatlichung ist auf die Initiative der Kongreßpartei zurückzuführen, die in den 50er Jahren den Aufbau einer sozialistischen Gesellschaft in Indien begann. Für die Verstaatlichungsmaßnahmen gab es eine Reihe von Gründen. Die private Imperial Bank of India, wie für die RBI, ebenfalls Vorläuferin der SBI, besaß eine marktbeherrschende Stellung. Sie verfolgte private, vornehmlich auf Gewinnmaximierung ausgerichtete Ziele und wurde von einer europäischen (englischen) Führungsspitze beherrscht, der man häufig vorwarf, eine indienfeindliche Geschäftspolitik zu betrieben. Sie war vornehmlich auf hohe Profite aus, die an wenige Aktionäre ausgeschüttet wurden. Geschäftsstellen wurden nur dort eröffnet, wo gute Gewinne erwartet wurde, d. h. nur in den großen Städten und Entwicklungszentren, während die Landbevölkerung dem inoffiziellen Teil der finanziellen Infrastruktur, den „Indigenous Bankers", überlassen wurden, die zwar in kleinerem Stil, häufig aber als totale Monopolisten die Notlage der Landbevölkerung nach Kräften ausnutzten.[24]

Hinzu kam eine enge Verflechtung von Banken und Industrie. 1963 waren z. B. 188 Bankdirektoren führender Kreditinstitute gleichzeitig Direktoren von 1.452 Industrieunternehmen. Allein 23 Bankdirektoren hatten insgesamt 566 Direktorenposten in der Industrie.[25] Die Folge war, daß der ländliche und subsistenzwirtschaftliche Bereich stark vernachlässigt wurde. Noch 1969 entfielen fast 80 % der Kredite auf die Großindustrie und den Großhandel, während sich die Landwirtschaft mit ca. 5 % zufriedengeben mußte.[26] Darüber hinaus gab es oft Skandale und Bankzusammenbrüche, bei denen die privaten Einlagen kleiner Sparer verlorengingen. Ein anderes Beispiel: Vor den Verstaatlichungsmaßnahmen wurden aus dem Einlagevolumen, das von relativ breiten Bevölkerungsschichten aufgebracht wurde, an einige wenige Familien Kredite zu günstigen Konditionen gegeben, die Waren aufkauften, horteten und mit der Armut der Massen spekulierten.[27]

Ansonsten waren die privaten Geschäftsbanken vornehmlich an Großkrediten über 100.000 Rs. interessiert. 70 % der Kreidte gingen vor der Verstaatlichung an nur 1 % der Kunden, 81 % der Kunden erhielten gerade 4 % der Kredite. Gleichzeitig gab es aber einen großen Kreditbedarf bei Handwerkern und Kleinunternehmern, insbesondere auch in der Landwirtschaft, die durch das geringe Servicenetz aber gar nicht erreicht wurden (nur 1 % der nahezu 600.000 Dörfer hatten eine Bankniederlassung).

Zielsetzung der Regierung war es deshalb, mit dem Ausbau des Filialnetzes auch neue Kundenkreise zu erreichen, um auch dort die wirtschaftliche Entwicklung schneller voranzutreiben. Hierbei hatte sie nicht nur die Kreditvergabe im Auge, sondern auch die Mobilisierung weiterer Ersparnisse: „... Banking institutions must play a vital role in mobilizing all available resources and mopping them up for utilization in building up a strong and sound economy."[28] Mit der Vernachlässigung dieser Kundenkreise verhinderten die Banken diese wirtschaftspolitischen Zielsetzungen der Regierung.

---

24 Vgl. *Mandapathil,* M., S. 183.

25 Vgl. ebenda, S. 215.

26 Vgl. ebenda, S. 221.

27 Vgl. *Trilok,* S. P., Money, Banking and Foreign Trade, Prakashan Kendra, Aminabad/Lucknow 1973, S. 347 ff.

28 *Fakruddin,* A. A., damaliger Staatspräsident von Indien, Ansprache anläßlich der 25-Jahr-Feier der United Bank of India am 25. 11. 1975 in Kalkutta.

Die Mißstände hätten sich aber auch mit anderen Mitteln bekämpfen lassen. Deshalb waren letztlich für die Verstaatlichungsmaßnahmen politische Gründe entscheidend. „Banking holds a key position. ... it is impossible to advance towards industrial socialization until the state has taken the banks firmly into its hands. The socialization of Banking occupies a strategic position in the transition from a private enterprise to a socialist economy. ... If the banks were socialized a socialist Government would aquire them a tremendous power of intervention, in every type of business enterprise, both large and small, and a widespread power of control and planning over the entire economic field.“[29] Nach der SBI im Jahre 1955 wurden in den folgenden Jahren noch eine Reihe von anderen Banken als Tochtergesellschaften übernommen, so daß die SBI im Jahre 1960 über 30 % des Geschäftsvolumens beherrschte. 1969 wurden die verbleibenden 14 größten privaten Geschäftsbanken verstaatlicht (Gruppe der „New Banks“). Schließlich ist der Anteil der SBI am indischen Bankwesen mit der Verstaatlichung weiterer 6 privater Geschäftsbanken im Jahre 1980 auf rund 90 % gestiegen.

Diese Verstaatlichungsmaßnahmen waren auch in Indien selbst stets umstritten, und es gab viele Argumente dagegen. Mittlerweile scheint jedoch die Meinung in Indien vorherrschend, daß die Rolle des Bankwesens in der Volkswirtschaft zu wichtig sei, als daß man sie allein privatwirtschaftlichen Interessen überlassen könne.[30] Ausdruck gesamtgesellschaftlicher Zielsetzungen war beispielsweise die gesetzliche Verpflichtung, innerhalb von vier Jahren nach Gründung der SBI 400 neue Filialen zu errichten. Diese Auflage wurde sogar weit übertroffen. Heute liegen nahezu 80 % der Bankstellen in kleineren Städten oder im ländlichen Raum. Wenn man allerdings bedenkt, daß es 1977 in fast 600.000 Dörfern aber nur insgesamt knapp 25.000 Filialen sämtlicher Geschäftsbanken gab, ist die Situation immer noch recht unbefriedigend.[31]

Mit der Verstaatlichung wurde ferner erreicht, daß eine weitgehende Kontrolle der Geldpolitik durch die Regierung bzw. die RBI möglich wurde, die nicht mehr von den zuvor schwerer kontrollierbaren privaten Geschäftsbanken unterlaufen werden konnte. Es mag dahingestellt bleiben, ob dies nicht auch durch geeignete Gesetze und Kontrollinstanzen hätte erreicht werden können.

---

29 *Sundharam*, K. P. M., Monetary Economics, Daryganj/Delhi 1970, S. 4101 f.

30 Vgl. Mandapathil, M., S. 200.

31 In der Bundesrepublik Deutschland gibt es zum Vergleich in nur 10.000 Städten und Gemeinden ca. 45.000 Zweigstellen.

Oberstes Entscheidungsorgan der SBI ist der Zentralverwaltungsrat, dessen Mitglieder zum überwiegenden Teil direkt oder indirekt (unter Mitwirkung der RBI) durch die Zentralregierung bestimmt und nur zum geringeren Teil von den Aktionären gewählt werden (bis 45 % der Aktien dürfen im nichtstaatlichen Bereich sein: Privatpersonen, meist jedoch Versicherungsgesellschaften u. ä.). Damit ist letztendlich eine große Abhängigkeit von der Regierung gegeben. Eine allzu enge Verknüpfung wird lediglich dadurch ausgeschaltet, daß eine gleichzeitige Mitgliedschaft in den indischen Parlementen nicht möglich ist.

Es sollte noch erwähnt werden, daß die Geschäftsbanken in „Scheduled Banks" (eingetragene Banken) und „Non-Scheduled Banks" (nicht eingetragene Banken) unterschieden werden. Bis zur Unabhängigkeit Indiens gab es noch 80 % „Non-Scheduled" Banks. Inzwischen sind sie bedeutungslos. Sie verfügen nur noch über weniger als 1/2 % der Bankstellen und ein dementsprechend geringes Geschäftsvolumen. Die Scheduled Banks, die staatlich oder privat sein können, haben eine Regierungslizenz, die an bestimmte Bedingungen geknüpft ist.[32]

4.4 Räumliche Effekte durch bankwirtschaftliche Aktivitäten

Weiter oben wurde die Hypothese formuliert, daß mit der Entwicklung der finanziellen Infrastruktur räumliche Effekte einhergehen können. Es wurde dargelegt, daß auf der Basis der Einlagen eine, am Landesdurchschnitt gemessen, überdurchschnittliche Kreditvergabe in die ohnehin entwickelteren Räume stattfinden dürfte, während das Kreditvolumen in den subsistenzwirtschaftlichen Regionen unter diesem Durchschnitt liegen wird. Wenn diese, die entwickelteren Räume bevorzugenden und die subsistenzwirtschaftlichen benachteiligenden, Wirkungen mit weiteren räumlichen Effekten gleicher Tendenz auftreten (z. B. wenn öffentliche Ausgaben vorzugsweise in die entwickelteren Gebiete gehen), kann sich dies zu einem Gesamteffekt addieren, der die wirtschaftliche Entwicklung in den subsistenzwirtschaftlichen Räumen deutlich spürbar benachteiligt. Die negativen Effekte werden noch stärker, wenn man von der nationalen auf die internationale Ebene steigt und von diesem Blickwinkel aus feststellt, daß etwa Entwicklungshilfedarlehen vorwiegend in die Zentren und die ohnehin entwikkelten Teile der Entwicklungsländer fließen (vgl. Abschnitt 4.6). Umgekehrt wäre es interessant, würde man – national gesehen – in den einzelnen Re-

---

[32] Vgl. *Mandapathil*, M., S. 63 f.

gionen noch eine Ebene tiefer steigen. Denn auch innerhalb der subsistenzwirtschaftlichen Landesteile gibt es wiederum entwickeltere und besonders rückständige Gebiete (vgl. Abschnitt 4.4.7).

Diesen Hypothesen soll im folgenden genauer anhand von empirischen Daten und Berechnungen nachgegangen werden. Dabei muß zunächst eine Größe ausgewählt werden, mit der man „wirtschaftliche Entwicklung" messen kann. Hierfür bieten sich verschiedene Indikatoren an, z. B. der Industrialisierungsgrad oder die Kapital- bzw. Arbeitsproduktivität. Solche Zahlen sind für Entwicklungsländer kaum vorhanden, insbesondere nicht regional gegliedert. Da es hier vor allem auch um die Versorgung der Bevölkerung mit Gütern und Dienstleistungen geht, erscheinen auch die Wohlstandsindikatoren geeignet. Obwohl man beim Sozialprodukt als Wohlstandsindikator bzw. als Größe zur Messung des Entwicklungsstandes gerade in Entwicklungsländern einige Fragezeichen anbringen muß,[33] sollte man diese Maßgröße als Indikator für die wirtschaftliche Entwicklung akzeptieren, will man nicht völlig auf empirische Untersuchungen verzichten.

Für die Vergleichsjahre 1960/61 und 1975/76 standen regional gegliederte Zahlen für das Nettosozialprodukt zu Faktorkosten (NSP) pro Kopf (in Rs.) zu Preisen von 1960/61 zur Verfügung, die eine Berechnung der durchschnittlichen prozentualen Wachstumsrate pro Jahr für diesen Zeitraum ermöglichten (vgl. Tabelle 3, Spalte A und B). Es wurde schon gezeigt, daß die ohnehin reichen Regionen den Abstand zu den ärmeren absolut und relativ vergrößert haben (vgl. Abbildung 6). Wirtschaftliche Entwicklung, gemessen am Wachstum des NSP, fand hauptsächlich in den wohlhabenderen Regionen Indiens statt.

Was das Datenmaterial über die indischen Banken betrifft, so handelt es sich dabei nur um Zahlen über die „Scheduled Banks". Die „Non-Scheduled Banks" sind darin nicht enthalten. Sie spielen heute aber praktisch keine Rolle mehr. An dieser Stelle sei nochmals daran erinnert, daß spätestens seit der Verstaatlichung der 1969 noch vorhandenen vierzehn größten privaten Geschäftsbanken das Bankwesen ab diesem Zeitpunkt weitgehend vom

---

33 Vgl. *Holub*, H.-W., Zur Kritik des Bruttosozialprodukts als Wohlstandsindikator, in: Wirtschaftswissenschaftliches Studium (WiSt), Heft 2/1974, *Leipert*, Chr., Unzulänglichkeiten des Sozialprodukts in seiner Eigenschaft als Wohlstandsmaß, Tübingen 1975; *Walser*, P., Volkswirtschaftliche Gesamtrechnung – Revision und Erweiterung, Zürich 1975 (Arbeitsunterlage der Kommission für wirtschaftlichen und sozialen Wandel); *Scholling*, E., Zur mehrdimensionalen Messung des wirtschaftlichen Entwicklungsstandes, in: KYKLOS, Vol. 35/1982.

Staat beherrscht wird.[34] Es kann darauf verzichtet werden, sämtliche 22 Gliedstaaten und die 9 Unionsterritorien Indiens zu untersuchen. Denn, wie schon erwähnt (vgl. Abschnitt 4.1), mit den in den Tabellen aufgeführten 17 größten Gliedstaaten und Delhi erfaßt man fast 99 % der gesamten indischen Bevölkerung.

Vor den nächsten Abschnitten erscheinen einige Bemerkungen über die Verfahren notwendig, die diesen Untersuchungen zugrunde liegen. Es handelt sich um einfache lineare Regressionsanalysen (vgl. Tabellen 4 und 5), bei denen das NSP pro Kopf in den einzelnen Gliedstaaten Indiens als unabhängige Variable zu verschiedenen Größen aus dem Geschäftsbankenbereich (Bankstellendichte, Einlage pro Kopf, Kredit pro Kopf und Kredit-Einlage-Quotienrt) als abhängige Variablen in Bezug gesetzt wurde (Querschnittsanalysen für 1961 und 1976). Die formale Zuordnung in „abhängige" und „unabhängige" Variable sollte nicht den Eindruck vermitteln, das NSP wäre die „ursächliche" Größe für die anderen Faktoren, etwa ein hohes NSP pro Kopf führt zu einer hohen Bankstellendichte. Dies gilt nicht nur für die Variablen aus dem Geschäftsbankenbereich, sondern auch für die späteren Analysen der Poststellen und Entwicklungshilfedarlehen. Wie noch zu zeigen ist, gibt es auch gute Gründe für die umgekehrte Argumentation (z. B. eine hohe Bankstellendichte fördert die Produktivität und führt zu einer Erhöhung des NSP). Auf die Frage nach „Ursache und Wirkung" regionaler Wohlstandsgefälle wird in den einzelnen Abschnitten sowie in einer Zusammenfassung genauer eingegangen (vgl. insbesondere Abschnitt 4.4.5).

---

34 Mit der Verstaatlichung weiterer sechs Geschäftsbanken im Jahre 1980 liegen ca. 90 % des Geschäftsvolumens der Banken in staatlicher Hand.

Tabelle 2: Bevölkerung, Bankstellen, Postsparstellen und Konten bei Postsparstellen in den Gliedstaaten Indiens 1961 und 1976

	A		B		C		D		E		F		G	
Gliedstaaten	1961	1976	1961	1976	1961	1976	1961 (1962)	1976	1961 (1962)	1976	1961 (1962)	1976	1961 (1962)	1976
1 Haryana[1]	-	11,2	-	584	-	52,1	-	-	-	-	-	-	-	-
2 Himachal Pradesh[2]	1,4	3,7	10	235	7,1	63,5	-	-	-	-	-	-	-	-
3 Jammu & Kashmir[3]	3,6	5,1	14	275	3,9	63,7	-	201	-	39,4	-	217.911	-	42,7
4 Punjab[3]	20,3	15,0	322	1228	15,9	81,9	1333	1379	55,8	91,9	949.623	2.438.767	39,7	162,6
5 Rajasten	20,2	29,0	179	983	8,9	33,9	837	1083	41,4	37,3	293.987	897.326	7,1	30,9
6 Assam[4]	11,9	17,0	45	339	3,8	19,9	276	693	23,2	40,8	247.208	796.220	10,7	46,8
7 Bihar	46,5	61,8	178	1091	3,8	17,7	1110	1318	23,9	21,3	625.755	1.961.236	13,5	31,7
8 Orissa	17,5	24,4	53	480	3,0	19,7	1003	787	57,3	32,2	231.797	1.036.253	13,4	42,5
9 West Bengal	34,9	49,8	257	1546	7,4	31,0	1201	1301	34,4	26,1	1.222.388	2.556.871	35,0	51,3
10 Madhya Pradesh	32,4	47,2	185	1176	5,7	24,9	-	1018	-	21,6	-	1.648.755	-	76,3
11 Uttar Pradesh	73,7	96,2	460	2542	6,2	26,4	1803	2476	24,5	25,7	2.141.336	5.967.663	29,1	62,0
12 Gujarat[5]	20,6	30,3	334	1848	16,2	61,0	520	1149	25,2	37,9	398.549	1.082.165	19,3	35,7
13 Maharashtra	39,6	56,3	584	2554	14,7	45,4	-	1658	-	29,4	-	3.821.102	-	67,9
14 Andhra Pradesh	36,0	47,9	332	1728	9,2	36,1	1551	2028	43,1	42,3	446.612	1.297.798	12,4	27,1
15 Karnataka[6]	23,6	32,4	426	2049	18,1	63,2	899	1358	38,1	41,9	261.958	766.312	11,1	23,7
16 Kerala[5]	16,9	24,0	241	1482	14,3	61,6	579	1220	34,3	50,8	196.369	841.917	11,6	35,1
17 Tamil Nadu	33,7	45,4	608	2235	18,0	49,2	2632	2673	78,1	58,9	909.624	3.530.271	27,0	77,8
18 Delhi	2,7	5,1	172	682	63,7	133,7	108	283	40,0	55,5	260.424	637.219	96,4	124,9

A Bevölkerung in Mio.
B Zahl der Bankstellen ("Scheduled Banks")
C Zahl der Bankstellen auf 1 Mio. Einwohner
D Zahl der Poststellen
E Zahl der Poststellen auf 1 Mio. Einwohner
F Zahl der Konten bei Poststellen
G Zahl der Konten bei Poststellen auf 1000 Einwohner

1 Haryana war 1961 noch ein Teil von Punjab.
2 Teilweise waren keine Zahlen in den Orginalquellen angegeben.
3 Bei der Zahl der Poststellen und Konten waren die Daten für Punjab einschließlich Kashmir angegeben. Es wurde dort mit 23,9 Mio. Einwohnern gerechnet.
4 Die Zahlen waren teilweise für die gesamte Nordostregion angegeben, die allerdings fast vollständig von Assam ausgefüllt wird.
5 Bei Poststellen und Konten gab es nur für 1962 Daten.
6 Karnataku hieß 1961 noch Mysore.
7 Tamil Nadu hieß 1961 noch Madras.

Die obigen Zahlen wurden folgenden Quellen entnommen bzw. auf der Basis der dort angegebenen Daten errechnet: Reserve Bank of India, Statistical Tables relating to Banks in India, Bombay 1962, S. 47, 1963, S. 46, 1977, S. 51, 1978, S. 61 f.

Tabelle 3: NSP pro Kopf, Wachstumsrate, Einlage pro Kopf, Kredit pro Kopf und Kredit-Einlage-Quotient in den Gliedstaaten Indiens 1961 und 1976

	A		B	C		D		E	
Gliedstaaten	60/61	75/76	61-76	1961	1976	1961	1976	1961	1976
1 Haryana	327	471	2,46	-	237	-	145	-	61,0
2 Himachal Pradesh	314	361	1,76	6,7	248	3,2	43	47,9	17,3
3 Jammu & Kashmir	269	329	1,35	30,5	260	3,4	95	11,2	36,7
4 Punjab	366	551	2,76	49,9	560	17,0	211	34,1	37,7
5 Rajastan	284	311	0,61	16,7	126	7,8	78	46,3	62,2
6 Assam	315	374	1,15	14,9	97	4,2	48	28,4	49,6
7 Bihar	215	214	-0,03	12,1	128	5,2	55	42,9	42,8
8 Orissa	216	288	1,94	4,5	67	3,1	35	69,3	52,1
9 West Bengal	390	384	-0,10	89,3	445	93,5	313	104,6	70,4
10 Madhya Pradesh	260	281	0,52	16,6	113	8,1	57	48,8	50,8
11 Uttar Pradesh	252	270	0,46	18,0	165	10,3	72	57,3	43,4
12 Gujarat	362	395	0,58	66,0	414	38,4	247	58,1	59,7
13 Maharashtra	409	478	1,04	120,7	652	97,0	538	80,4	82,5
14 Andhra Pradesh	275	330	1,22	16,4	168	13,4	127	81,6	75,6
15 Karnataka	286	407	2,38	32,9	271	22,4	265	68,2	98,0
16 Kerala	259	297	0,92	30,6	237	18,2	160	59,7	67,5
17 Tami Nadu	334	358	0,46	37,5	258	35,5	285	94,7	110,5
18 Delhi	676	799	1,12	1113,6	3400	199,2	4699	175,4	138,2
INDIEN	307	363	1,12	45	289	29	222	65,6	77,0

A NSP zu Faktorkosten pro Kopf in Rs. zu Preisen von 1960/61

B Durchschnittliche prozentuale jährliche Wachstumsrate

C Einlage pro Kopf in Rs. bei den "Scheduled Commercial Banks"

D Kredit pro Kopf in Rs. bei den "Scheduled Commercial Banks"

E Kredit-Einlage-Quotient

1-6 Nord- und Nordostregion

7-9 Ostregion

10-11 Zentralregion

12-13 Westregion

14-17 Südregion

Die obigen Zahlen wurden folgenden Quellen entnommen bzw. auf der Basis der dort angegebenen Daten errechnet: Statistisches Bundesamt, Länderkurzbericht Indien, Wiesbaden 1979, S. 14, World Bank, Economic Situation and Prospects of India, Report No. 2933-IN, 1980, S. 165, Reserve Bank of India, Statistical Tables relating to Banks in India, Bombay 1962, S. 47, 1963, S. 46, 1977, S. 51, 1978, S. 61 f., vgl. ferner die Anmerkungen zu Tabelle 2.

Tabelle 4: Regressionsanalysen: NSP pro Kopf mit Bankstellendichte, Einlage pro Kopf, Kredit pro Kopf und Kredit-Einlage-Quotient in den Gliedstaaten Indiens im Jahre 1961

Regressionsanalyse $y = a + bx$	Sämtliche Gliedstaaten Indiens einschließlich Delhi (99 % der Bevölkerung, Stichprobenumfang 17)			Sämtliche Gliedstaaten Indiens ohne Nord- und Nordostregion einschließlich Delhi (Stichprobenumfang 12)			
Nettosozialprodukt zu Faktorkosten pro Kopf in Rs. 1960/61 zu Preisen von 1960/61	a	b	R^2	a	b	R^2	$\bar{R}^2$
Bankstellen auf 1 Mio. Einwohner 1961	-24,94	0,12	0,80	-23,06	0,12	0,82	0,80
Einlage pro Kopf in Rs. 1961	-609,28	2,20	0,80	-602,08	2,23	0,83	0,81
Kredit pro Kopf in Rs. 1961	-110,17	0,45	0,87	-101,10	0,45	0,96	0,95
Kredit-Einlage-Quotient 1961	-19,87	0,26	0,59	-4,85	0,25	0,82	0,81
R^2_{krit} bei $\alpha = 0,05$			0,22			0,31	
R^2_{krit} bei $\alpha = 0,01$			0,35			0,47	

Bei diesen und den folgenden Regressionsanalysen (Vgl. Tabelle 5) wurde das NSP pro Kopf als unabhängige Variable (x) eingesetzt, während die Variablen in den einzelnen Zeilen (Bankstellen auf 1 Mio. Einwohner usw.) als abhängige Variablen (y) eingesetzt wurden.

R^2 Bestimmtheitsmaß,

$\bar{R}^2$ bereinigtes Bestimmtheitsmaß (bei kleinem Stichprobenumfang),

α Irrtumswahrscheinlichkeit,

R^2_{krit} kritischer Wert.

Bei der Benutzung von R^2 bzw. $\bar{R}^2$ erfolgt mit R^2_{krit} die Überprüfung, ob die gefundenen Werte signifikant von Null verschieden sind, d.h. ob man von einer guten Anpassungsgüte sprechen kann. Den kritischen Wert erhält man zu einem bestimmten Stichprobenumfang und einer geforderten Irrtumswahrscheinlichkeit mit den Daten aus der F-Verteilung. Bei 17 Stichproben und einer Irrtumswahrscheinlichkeit $\alpha = 0,01$ ist z.B. der kritische Wert $R^2_{krit} = 0,35$. Liegen die Werte von R^2 bzw. $\bar{R}^2$ darüber, kann mit 99%iger Sicherheit gesagt werden, daß die gefundene Regressionsbeziehung ein von Null verschiedenes Bestimmtheitsmaß hat.

Tabelle 5: Regressionsanalysen: NSP pro Kopf mit Bankstellendichte, Einlage pro Kopf, Kredit pro Kopf und Kredit-Einlage-Quotient in den Gliedstaaten Indiens im Jahre 1976

Regressionsanalyse $y = a + bx$	Sämtliche Gliedstaaten Indiens einschließlich Delhi (99 % der Bevölkerung, Stichprobenumfang 18)			Sämtliche Gliedstaaten Indiens ohne Nord- und Nordostregion einschließlich Delhi (Stichprobenumfang 12)			
Nettosozialprodukt zu Faktorkosten pro Kopf in Rs. 1975/76 zu Preisen von 1960/61	a	b	R^2	a	b	R^2	$\bar{R}^2$
Bankstellen auf 1 Mio. Einwohner 1976	-20,14	0,18	0,71	-23,34	0,19	0,82	0,80
Einlage pro Kopf in Rs. 1976	-1458,42	4,94	0,75	-1609,45	5,69	0,88	0,87
Kredit pro Kopf in Rs. 1976	-2142,57	6,67	0,68	-2409,60	7,95	0,85	0,84
Kredit-Einlage-Quotient 1976	15,80	0,13	0,33[1]	14,13	0,16	0,70	0,67
R^2_{krit} bei $\alpha = 0,05$			0,21			0,31	
R^2_{krit} bei $\alpha = 0,01$			0,33			0,47	

---

[1] Die hohe Güte der gefundenen Regressionsbeziehungen für 1961 und 1976 unter Berücksichtigung sämtlicher Gliedstaaten Indiens einschließlich Delhi verbessert sich nochmals, wenn man einen oder mehrere "Sonderfälle" ausklammert. Als Sonderfall kann man beispielsweise Punjab bezeichnen. Wegen des hohen Bevölkerungsanteils der Sikhs spielt das Kastenwesen dort kaum eine Rolle. Die Menschen haben in jeder Hinsicht eine größere Mobilität und stellen deshalb auch einen ungewöhnlich hohen Anteil in der indischen Armee, der Verwaltung oder auch bei internationalen Sportwettkämpfen. So ist es nicht verwunderlich, daß sich in diesem Gliedstaat die Stimmen mehren, welche nach größerer Autonomie oder gar völliger Unabhängigkeit von Indien rufen, um eine eigene, noch schnellere wirtschaftliche Entwicklung in dieser ohnehin relativ reichen Region zu ermöglichen. Im Jahre 1983 gab es aus diesen Gründen große Unruhen in Punjab. Ohne diesen Gliedstaat erhöht sich das einzige relativ niedrige Bestimmtheitsmaß in der Beziehung NSP pro Kopf zu Kredit-Einlage-Quotient für 1976 von akzeptablen 0,33 auf gute 0,49. Ohne auf weitere Einzelheiten und sozioökonomische Unterschiede zu anderen "normalen" Gliedstaaten Indiens einzugehen, sei noch auf Assam hingewiesen, das praktisch die gesamte Nordostregion ausmacht und durch Bangladesh fast von Indien abgeschnitten wird. Auch in Assam gab es 1983 große Unruhen bis hin zu bürgerkriegsähnlichen Zuständen mit Hunderten von Toten. Ferner blieben bei den zweiten Regressionsanalysen Harjana (um den starken Entwicklungspol Delhi), Jammu & Kashmir sowie Himachal Pradesh unberücksichtigt (beide in der äußersten Nordregion zum Himalaja hin).

4.4.1 Bankstellendichte

Hammel hat in einer Untersuchung über 47 Entwicklungsländer gezeigt: die Zweigstellendichte der Geschäftsbanken ist umso größer je höher das Pro-Kopf-Einkommen (vgl. Abschnitt B. II). Die Betrachtung des NSP pro Kopf und der Bankstellendichte in den einzelnen Gliedstaaten Indiens zeigt ein analoges Ergebnis (vgl. Tabelle 2, Spalte C sowie Tabelle 4 und 5). Die Zahl der Bankstellen ist umso größer, je höher der Wohlstand.

Fragt man nach den Ursachen für diese Situation, lassen sich vor allem zwei Argumente anführen. Einmal liegt es am Verhalten der Geschäftsbanken, die, vornehmlich auf Gewinnmaximierung ausgerichtet, Geschäftsstellen nur dort eröffnen, wo Gewinne zu erwarten sind, und das sind vor allem die entwickelteren und bereits monetisierten Gebiete und Zentren. Andererseits kann die finanzielle Infrastruktur zur wirtschaftlichen Entwicklung einen Beitrag leisten. Dieser besteht insbesondere darin, daß mit dem Ausbau der finanziellen Infrastruktur, mit dem Zweigstellennetz, Monetisierung und Sachkapitalbildung über den Bankensektor möglich werden und Geld und Kredit einen Beitrag zur Steigerung der Produktivität und damit zum Wachstum einer Volkswirtschaft leisten. Auf beide Argumentationsketten wurde bereits ausführlich im Abschnitt zur Notwendigkeit der finanziellen Infrastruktur eingegangen (vgl. Abschnitt B).

Offenbar handelt es sich um einen „circulus vitiosus“: In den entwickelteren Regionen ist die Bankstellendichte aus privatwirtschaftlichen Gründen hoch; eine hohe Bankstellendichte, eine gut ausgebaute finanzielle Infrastruktur, bewirkt durch die Produktivitätseffekte von Geld und Kredit wiederum wirtschaftliche Entwicklung und Wachstum. Dies ist wohl eine der Ursachen dafür, daß die relativ reichen Gliedstaaten Indiens ihren Abstand zu den ärmeren vergrößert haben.

Will man das Gefälle zwischen ärmeren und reicheren Regionen abbauen, ist es nur konsequent, den verstärkten Ausbau des Zweigstellennetzes in den ländlich-subsistenzwirtschaftlichen Räumen zu fordern, damit es besonders in diesen Gebieten zu einer starken stimulierenden Wirkung des Geld- und Kreditwesens auf die wirtschaftliche Entwicklung kommt. An dem Gefälle bei der Bankstellendichte hat sich in Indien im Vergleich 1961 zu 1976, trotz der Anstrengungen nach den Verstaatlichungsmaßnahmen zur Verbesserung des Zweigstellennetzes, nichts geändert. Die Regressionsanalysen zeigen vielmehr, daß sich das Steigungsmaß der Regressionsfunktion innerhalb der 15 Jahre bis 1976 erhöht hat. Daraus muß man den Schluß ziehen, daß sich die Situation für die ärmeren Regionen, relativ gesehen, so-

Abbildung 7: NSP pro Kopf und Bankstellendichte in den Gliedstaaten Indiens 1976

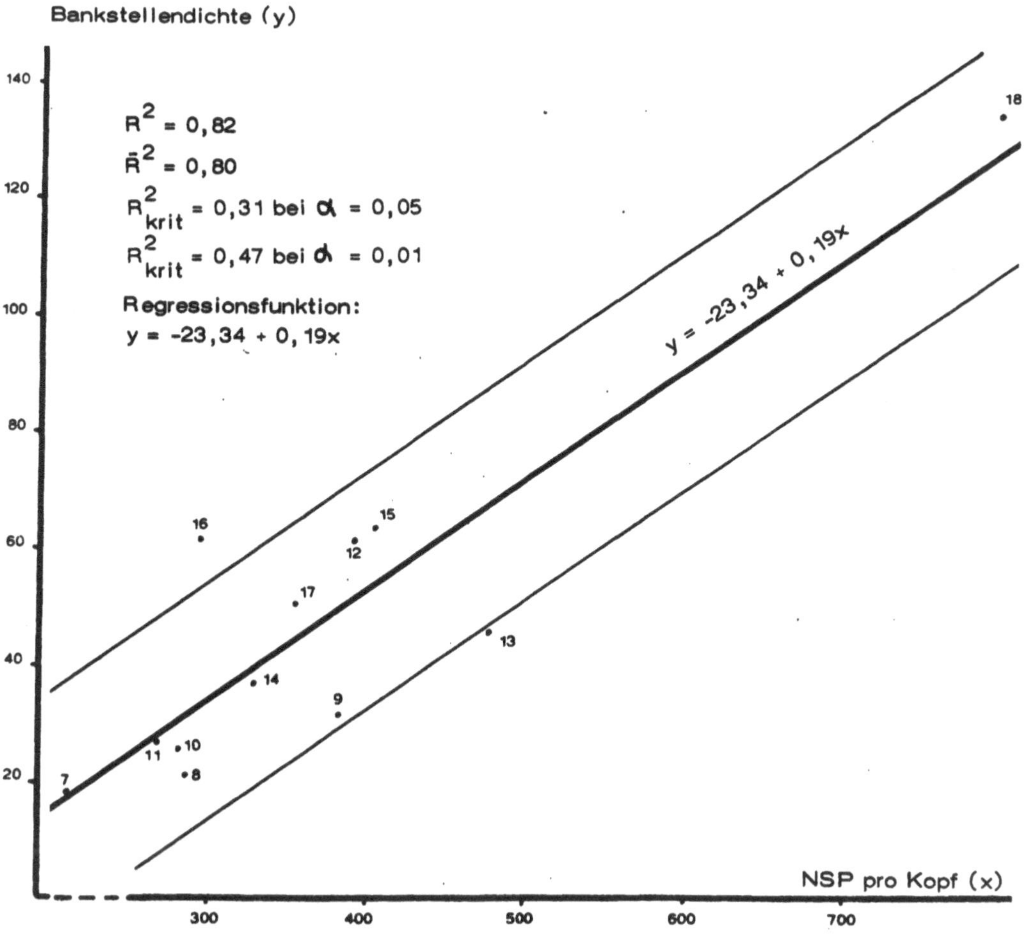

Quelle: Vgl. Tabelle 3 und 5. Die Zahlen an den Stichprobenwerten entsprechen der Numerierung der Gliedstaaten in den Tabellen. Dieser Hinweis gilt auch für die Abbildungen 8, 9, 12 und 17.

gar nach den Verstaatlichungen verschlechtert hat, auch wenn die Zahl der Zweigstellen in den ärmeren Regionen, absolut gesehen, durchaus gestiegen ist. In den weiter entwickelten Gebieten ist sie eben noch stärker gestiegen (vgl. Tabelle 4 und 5 sowie Abbildung 7).

4.4.2 Einlagen und Kredite

Im gesamtindischen Durchschnitt haben sich Einlagen und Kredite innerhalb des Betrachtungszeitraums von 1961 bis 1976 deutlich erhöht. Die Einlagen haben sich mehr als versechsfacht, die Kredite mehr als versiebenfacht (vgl. Tabelle 3). Die Regressionsanalysen zeigen, daß ein positiver Zusammenhang zwischen NSP pro Kopf und Einlage bzw. Kredit pro Kopf in den einzelnen Regionen Indiens besteht (vgl. Tabelle 4 und 5 sowie Abbildung 8 und 9). Mit dieser Feststellung soll zunächst noch keine kausale Deutung verbunden werden. Auffällig ist die Veränderung des Steigungsmaßes der Regressionsfunktionen für Einlagen und Kredite im Vergleich 1961 zu 1976, wenn man das NSP pro Kopf einmal als unabhängige Variable ansieht. Bei den Einlagen verdoppelte sich die Steigung, bei den Krediten erhöhte sich das Steigungsmaß um mehr als das Zehnfache. Dies bedeutet, daß die Regionen mit höherem NSP pro Kopf relativ mehr Einlagen gebildet und deutlich mehr Kredite in Anspruch genommen haben als die rückständigeren Gebiete.

Wie im vorherigen Abschnitt erwähnt, fördert eine ausgebaute finanzielle Infrastruktur neben der Monetisierung auch die kreditfianzierte Sachkapitalbildung und trägt damit zu Wachstum und wirtschaftlicher Entwicklung bei (vgl. auch Abschnitt B). Es wurde festgestellt, daß gerade in den entwickelteren Gliedstaaten Indiens das Bankstellennetz besonders stark ausgebaut wurde. Dies verbessert die Voraussetzungen zur Bildung von Geldanlagen und zur Kreditvergabe, besonders für Investitionsvorhaben (Transformationsfunktion des Geldes). Unabhängig von der Verbesserung dieser Voraussetzungen nimmt mit steigendem Einkommen auch die Fähigkeit zu sparen zu. Durch Erhöhung der Grenzsparquote steigt auch die durchschnittliche Sparquote. Dies bedeutet, daß Regionen mit hohen Wachstumsraten absolut und relativ mehr Einlagen bilden können.

Auf der anderen Seite ist die Kreditnachfrage zur Finanzierung von Investitionen in Regionen mit hohem NSP pro Kopf auch besonders groß. Die allgemeine positive wirtschaftliche Entwicklung dieser Gebiete, die sich zudem bereits auf einem recht hohen Wohlstandsniveau befinden, dürfte die Banken anreizen, in diesen Gebieten die Kreditwünsche bevorzugt zu befriedigen. Denn die Sicherheiten für Kredite werden dort i. a. höher und die Risiken niedriger sein als in den ärmeren Gliedstaaten.

Abbildung 8: NSP pro Kopf und Einlage pro Kopf in den Gliedstaaten Indiens 1976

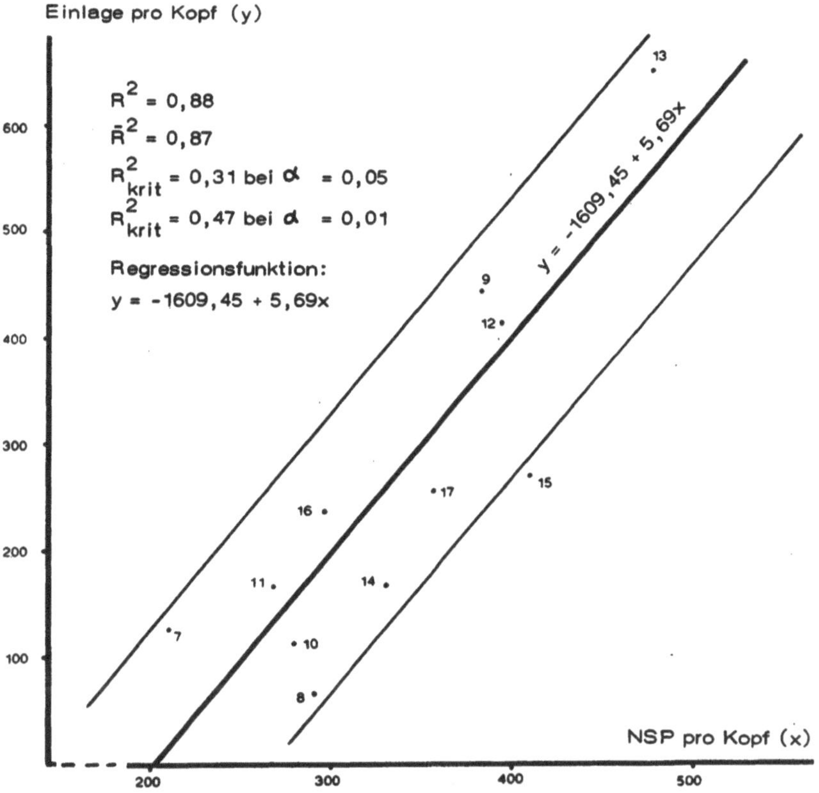

Quelle: Vgl. Tabelle 5.

Abbildung 9: NSP pro Kopf und Kredit pro Kopf in den Gliedstaaten Indiens 1976

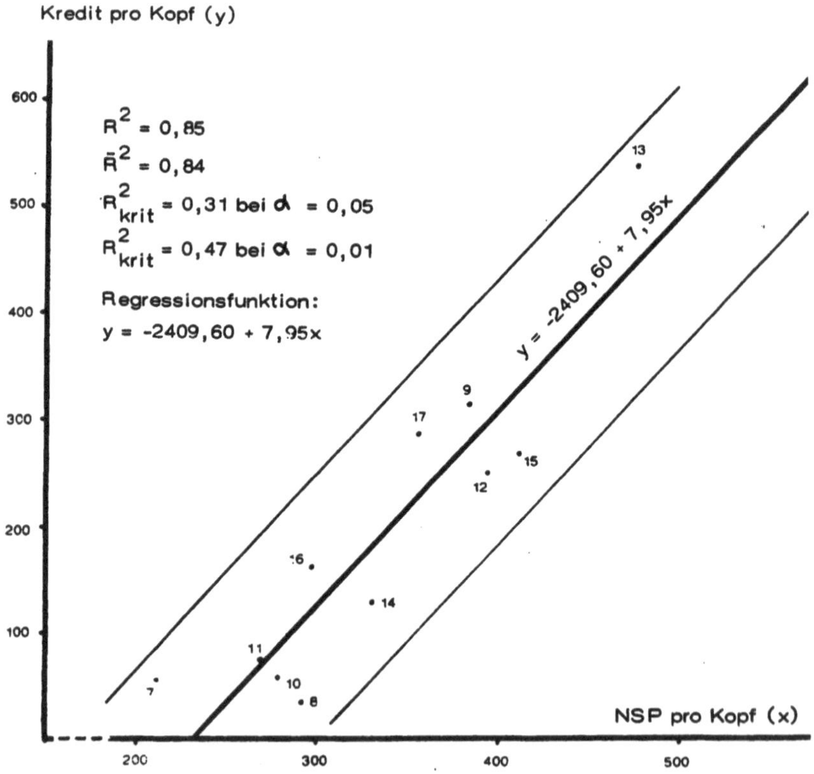

Quelle: Vgl. Tabelle 5.

Abbildung 10: NSP pro Kopf und Kredit pro Kopf in den Gliedstaaten Indiens 1976

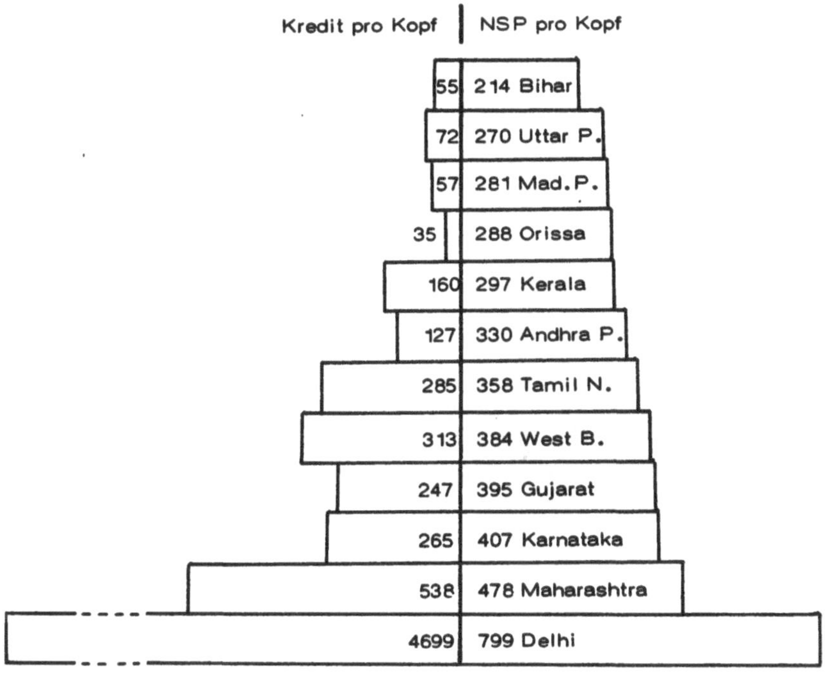

Quelle: Vgl. Tabelle 3.

Abbildung 11: Lorenzkurve der Kreditkonzentration in Indien 1976

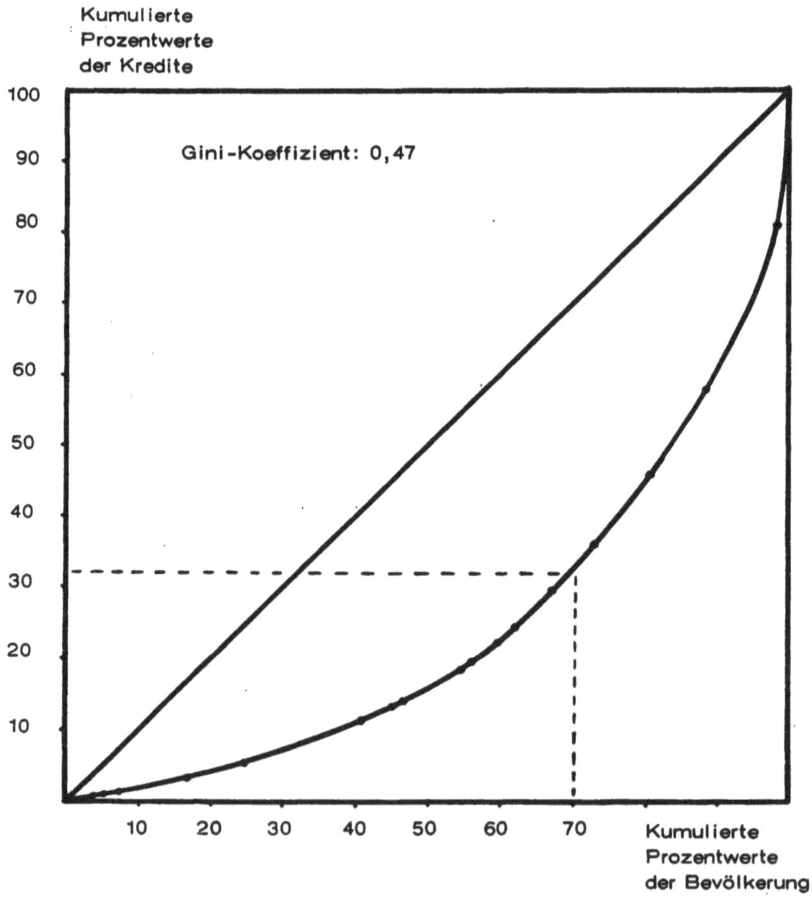

Die kumulierten Prozentwerte der Bevölkerung und Kredite wurden auf der Basis der Zahlen in Tabelle 1 und 6 errechnet.

Darin dürften die Gründe liegen, warum es zu einer so extremen Entwicklung bei den Krediten kommen konnte (vgl. Abbildung 10). Zwar ist das Kreditvolumen pro Kopf auch in den ärmeren Landesteilen gestiegen. Die entwickelteren Gebiete haben jedoch ein unvergleichlich stärkeres Wachstum des Kreditvolumens zu verzeichnen. Der Abstand der reichen zu den ärmeren Regionen hat sich bei den Krediten pro Kopf dadurch absolut und relativ deutlich vergrößert. Die Lorenzkurve der Kreditkonzentration veranschaulicht dies noch einmal (vgl. Abbildung 11). Der ermittelte Gini-Koeffizient liefert dafür eine operationale Maßgröße. So haben 1976 beispielsweise 70 % der Bevölkerung Indiens kaum mehr als 30 % des gesamten Kreditvolumens auf sich vereinigt. Oder anders gewendet: nur 30 % der Bevölkerung „beanspruchten" fast 70 % aller Kredite.

Die wirtschaftliche Entwicklung wird, unabhängig vom Wohlstandsniveau einer Region oder eines Landes, nicht nur durch eine gut ausgebaute finanzielle Infrastruktur begünstigt (Produktivitätseffekte von Geld und Kredit, vgl. Abschnitt 4.4.1), darüber hinaus ist in den entwickelteren Räumen auch noch das Spar- und Kreditpotential selbst größer. Das über hohe kreditfinanzierte Investitionen bewirkte Wachstum verbessert wiederum die Voraussetzungen für die kommende Periode. Einmal betrifft dies die Bankstellendichte, zum anderen die Einlagen und Kredite, die i. a. auch weiter steigen dürften. Der im vorherigen Abschnitt erklärte „circulus vitiosus" wird unter Berücksichtigung dieser Folgerungen zu einem etwas differenzierteren Erklärungsansatz dafür, daß sich das Gefälle zwischen entwickelteren und weniger entwickelten Gliedstaaten vergrößert hat.

Diese Erkenntnis muß nachdenklich stimmen. Denn wünschenswert wäre, außer dem Ausbau der Bankstellen, zweifellos auch eine verstärkte Kreditvergabe und damit - möglicherweise - auch eine größere kreditfinanzierte Sachkapitalbildung in den ärmeren Regionen, um dort die wirtschaftliche Entwicklung schneller voranzutreiben und die Einkommensdifferenzen abzubauen.

4.4.3 Kredit-Einlage-Quotient

In den beiden vorherigen Abschnitten wurde eine positive Korrelation zwischen NSP pro Kopf und der Bankstellendichte festgestellt. Die finanzielle Infrastruktur, insbesondere das Bankstellennetz, stimulieren offenbar durch Geld und Kredit die wirtschaftliche Entwicklung. Und ein hohes NSP pro Kopf führt umgekehrt zu größerer Bankstellendichte, höheren Einlagen und höheren Krediten. Der Schluß lag nahe, daß es sich hierbei um einen

„circulus vitiosus" handelt, durch den die entwickelteren Regionen Indiens gegenüber den ländlich-subsistenzwirtschaftlichen Gebieten begünstigt werden. Dies ist wahrscheinlich eine der Ursachen, warum das Wohlstandsgefälle zwischen den indischen Gliedstaaten nicht abnahm, sondern sich fast durchweg noch vergrößerte.

Den bisherigen Analysen ist lediglich zu entnehmen, daß dieser Beitrag zur Vergrößerung des Wohlstandsgefälles auf Wechselwirkungen innerhalb der einzelnen Gliedstaaten Indiens zurückzuführen ist, daß die Eigendynamik und die Eigenkräfte in entwickelteren Regionen eben größer sind als in den ärmeren Gebieten. Zu weitergehenden Einsichten führt die Bildung und Betrachtung des Kredit-Einlage-Quotienten für ganz Indien und die einzelnen Gliedstaaten. Offenbar weicht das Verhältnis von Krediten zu Einlagen in den verschiedenen Regionen mehr oder weniger stark vom gesamtindischen Durchschnitt ab (vgl. Tabelle 3). Die Regressionsanalysen zeigen, daß wieder ein positiver Zusammenhang zwischen NSP pro Kopf und den Kredit-Einlage-Quotienten in den einzelnen Gliedstaaten Indiens besteht. Je höher das NSP pro Kopf, umso größer ist i. a. dieser Quotient (vgl. Tabelle 4 und 5 sowie Abbildung 12).

Dies heißt konkret, daß in ganz Indien das Einlagevolumen bei den Geschäftsbanken im Jahre 1976 beispielsweise 172.316 Mio. Rs. betrug. An Krediten wurden im gleichen Jahr 131.138 Mio. Rs. vergeben. Damit erhält man einen Kredit-Einlage-Quotienten von 76,1 (131.138/172.316 x 100), d. h. 76,1 % der Einlagen ergeben das Kreditvolumen. Hinsichtlich der Einlagen und Kreditvergabe in den einzelnen Gliedstaaten Indiens liegt dieser Quotient in den ärmeren Landesteilen meistens unter 76,1, in den reicheren i. a. darüber. In Bihar etwa, mit einem NSP pro Kopf von nur 214 Rs. im Jahre 1976, beträgt der Quotient 42,8. Dies bedeutet, daß bei einem Einlagevolumen von 7.895 Mio. Rs. nur 3.376 Mio. Rs. (+ 42,8 % von 7.895) an Krediten vergeben wurden. Hingegen beträgt der Kredit-Einlage-Quotient in dem relativ wohlhabenden Karnataka mit einem NSP pro Kopf von 407 Rs. 98,0, d. h. zu den dortigen Einlagen von 8.767 Rs. gehört ein Kreditvolumen von 8,593 Mio. Rs.

Es ist danach nicht nur so, daß in den entwickelteren Regionen mit vergleichsweise hohem NSP pro Kopf, absolut und relativ mehr Einlagen und Kredite auf jeden Einwohner entfallen (vgl. Abschnitt 4.4.2). Darüber hinaus kommt es, auf die Einlagen bezogen, in den ärmeren Regionen zu einer unter- und in den entwickelteren Gebieten, mit höheren Einkommen pro Kopf, zu einer überproportionalen Kreditvergabe. Auf das quantitative Ausmaß dieses Phänomens wird im folgenden eingegangen.[35]

Abbildung 12: NSP pro Kopf und Kredit-Einlage-Quotient in den Gliedstaaten Indiens 1976

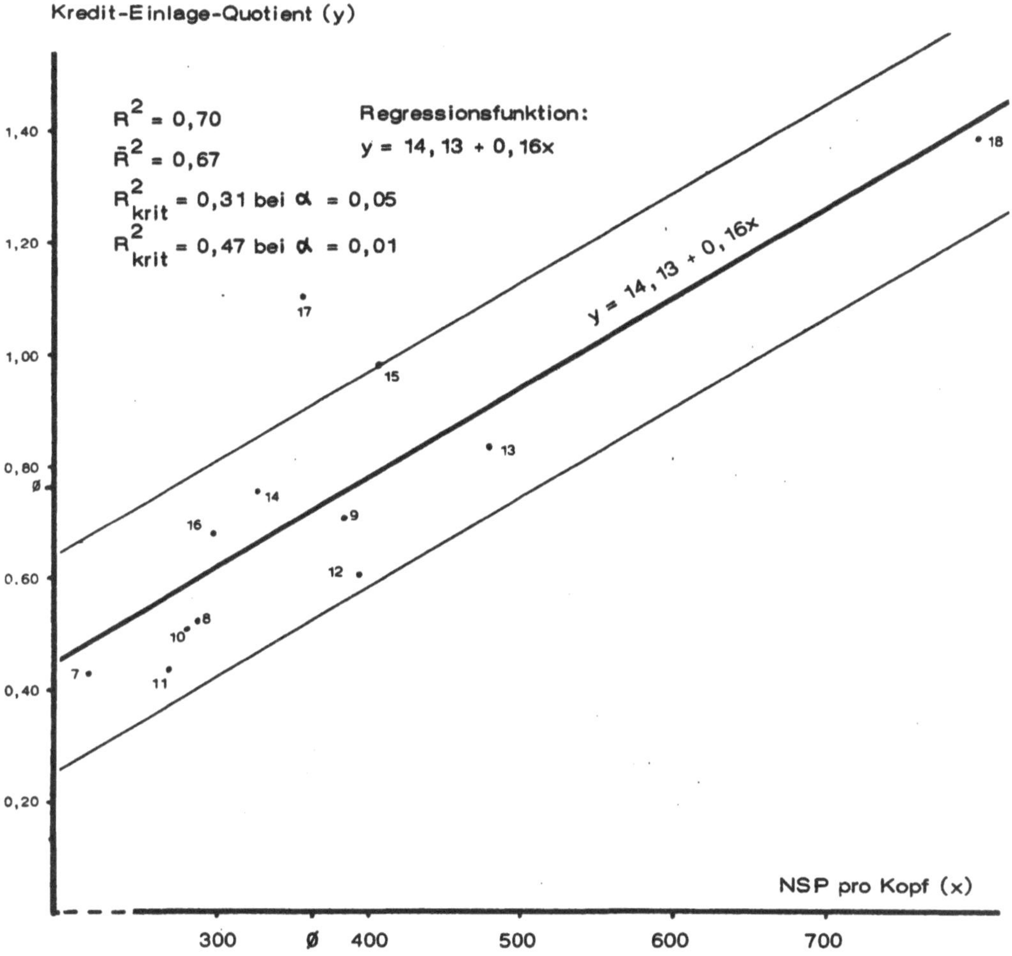

Quelle: Vgl. Tabelle 5.

35 Hier soll nicht der Frage nachgegangen werden, wie sich die Anwendung währungspolitischer Instrumente, etwa die Mindestreservepolitik, auf die Einlage- und Kreditvolumina und damit auf den Kredit-Einlage-Quotient auswirken. Eine Verringerung der Mindestreservesätze etwa kann über die Erhöhung der freien Liquiditätsreserven zu einem größeren Kreditangebot führen, wodurch es bei entsprechender Kreditnachfrage über die multiple Geld- und Kreditschöpfung zu einer Erhöhung des Einlage- und Kreditvolumens sowie der umlaufenden Bargeldmenge kommen kann. Über das genaue quantitative Ausmaß könnten nur empirische Untersuchungen Auskunft geben.

4.4.4 Expansive und kontraktive Effekte

Zur Messung des quantitativen Umfangs der ungleichen räumlichen Kreditvergabe ist es notwendig, als Zielgröße ein „neutrales Kreditvolumen" zu definieren, das mit den Istgrößen in den einzelnen Gliedstaaten verglichen wird. Liegt das tatsächliche Kreditvolumen über oder unter dieser Bezugsgröße, wird von einem „expansiven" bzw. „kontraktiven" Effekt gesprochen. Zur Definition des „neutralen Kreditvolumens" und zur Berechnung der expansiven und kontraktiven (räumlichen) Effekte bieten sich zwei Varianten an:

Arbeitshypothese 1: Einmal kann man als Bezugsgröße den Kredit-Einlage-Quotienten für ganz Indien nehmen und auf der Basis der tatsächlichen Einlagen in den einzelnen Gliedstaaten ein fiktives „neutrales Kreditvolumen" errechnen. In diesem Fall spielen die Unterschiede bei den Einlagen noch eine Rolle. Die entwickelteren Regionen, mit relativ hohen Einlagen pro Kopf, haben dann auch einen dementsprechend hohen „Anspruch". Die weniger entwickelten, mit vergleichsweise geringen Einlagen pro Kopf, besitzen nur einen relativ niedrigen „Anspruch". So wäre beispielsweise in Bihar mit einem NSP pro Kopf von 214 Rs. und Einlagen von 7.895 Mio. Rs. (pro Kopf 128 Rs.) im Jahre 1976 das neutrale Kreditvolumen 6.008 Mio. Rs. (= 76,1 % von 7.895) statt des tatsächlichen von nur 3.376 Mio. Rs. Die Differenz von 2.632 Mio. Rs. wird als „kontraktiver Effekt" bezeichnet. Dagegen ergäbe sich bei Karnataka mit einem NSP pro Kopf von 407 Rs. und Einlagen von 8.767 Mio. Rs (pro Kopf 271 Rs.) ein neutrales Kreditvolumen von 6.672 Mio. Rs. (= 76,1 % von 8.767) statt des tatsächlichen von 8.593 Mio. Rs. Bei dem entwickelteren Karnataka weicht das tatsächliche Kreditvolumen vom neutralen nach oben um 1.291 Mio. Rs. ab, eine Größe, die als „expansiver Effekt" definiert ist (vgl. Tabelle 3 und 6).

Sämtliche auf diese Weise ermittelten „neutralen Kreditvolumina" für alle Gliedstaaten ergeben von der Konstruktion her in der Summe wiederum das gesamte tatsächliche Kreditvolumen für ganz Indien. Ferner heben sich alle mit einem negativen Vorzeichen gekennzeichneten kontraktiven Effekte gegen sämtliche expansiven Effekte mit positivem Vorzeichen in der Summe auf (vgl. Tabelle 6).

Arbeitshypothese 2: Noch näher liegt es, als Bezugsgröße den Kredit pro Kopf für ganz Indien heranzuziehen. Mit der Einwohnerzahl multipliziert erhält man nach dieser zweiten Fiktion das „neutrale Kreditvolumen" für jeden indischen Gliedstaat. Durch Vergleich mit dem tatsächlichen Kreditvolumen lassen sich die „expansiven" bzw. „kontraktiven" Effekte nach dieser

Tabelle 6: Expansive und kontraktive räumliche Effekte in den Gliedstaaten Indiens 1976

	A	B	C	D	E	F	G	H
NORDREGIONEN	18.605	45,8	8.521	14.160	-5.639	17.651	-9.130	105
1 Haryana	2.655	61,0	1.619	2.020	-401	2.440	-821	145
2 Himachal Pradesh	917	17,3	159	698	-539	806	-647	43
3 Jammu & Kashmir	1.326	36,7	486	1.009	-523	1.111	-625	95
4 Punjab	8.395	37,7	3.163	6.390	-3.227	3.269	-106	211
5 Rajastan	3.658	62,2	2.274	2.784	-510	6.320	-4.046	78
6 Assam	1.654	49,6	820	1.259	-439	3.705	-2.885	48
OSTREGION	31.681	62,6	19.823	24.110	-4.287	29.635	-9.812	146
7 Bihar	7.895	42,8	3.376	6.008	-2.632	13.466	-10.090	55
8 Orissa	1.628	52,1	848	1.239	-391	5.317	-4.469	35
9 West Bengal	22.158	70,4	15.599	16.863	-1.264	10.852	-4.747	313
ZENTRALREGION	21.197	45,3	9.592	16.132	-6.540	31.248	-21.656	67
10 Madhya Pradesh	5.318	50,8	2.702	4.047	-1.347	10.285	-7.583	57
11 Utta Pradesh	15.879	43,4	6.890	12.085	-5.195	20.963	-14.073	72
WESTREGION	49.261	76,7	37.774	37.489	+285	18.871	+18.903	436
12 Gujarat	12.546	59,7	7.484	9.548	-2.064	6.603	+881	247
13 Maharashtra	36.715	82,5	30.290	27.941	+2.349	12.268	+18.022	538
SÜDREGION	34.230	91,9	31.463	26.050	+5.413	32.621	-1.158	210
14 Andhra Pradesh	8.067	75,6	6.095	6.139	-44	10.438	-4.343	127
15 Karnataka	8.767	98,0	8.593	6.672	+1.921	7.060	-1.533	265
16 Kerala	5.685	67,5	3.837	4.326	-489	5.230	-1.393	160
17 Tamil Nadu	11.711	110,5	12.938	8.913	+4.025	9.893	-3.045	285
18 Delhi	17.342	138,2	23.965	13.197	+10.768	1.112	-22.853	4699
SUMME	172.316	76,1	131.138	131.138	0	131.138	0	218

A Einlagevolumen bei den "Scheduled Commercial Banks" in Mio. Rs.

B Kredit-Einlage-Quotient

C Kreditvolumen bei den "Scheduled Commercial Banks" in Mio. Rs.

D Kreditvolumen bei durchschnittlichem Kredit-Einlage-Quotient von 76,1

E Arbeitshypothese 1: expansive (+) bzw. kontraktive (-) räumliche Effekte (C ./. D) in Mio. Rs.

F Kreditvolumen bei durchschnittlichem Kredit pro Kopf von 218 Rs.

G Arbeitshypothese 2: expansive (+) bzw. kontraktive (-) räumliche Effekte (C ./. F) in Mio. Rs.

H Kredit pro Kopf in Rs.

Die obigen Zahlen wurden folgender Quelle entnommen bzw. auf der Basis der dort angegebenen Daten errechnet: Reserve Bank of India, Statistical Tables relating to Banks in India, Bombay 1978, S. 61 f.

Arbeitshypothese ermitteln. Wiederum ergibt die Summe dieser fiktiven Größen das tatsächliche Kreditvolumen für ganz Indien, und die expansiven und kontraktiven Effekte sind in der Summe Null (vgl. Tabelle 6).

Beide Fiktionen erscheinen als Arbeitshypothesen sinnvoll. Bei der zweiten spielen die einzelnen regionalen Einlagen als „Anspruchsgrundlage" freilich keine Rolle mehr. Hier geht die Zielvorstellung dahin, jede Region pro Kopf mit einem gleichen Kreditvolumen zu versorgen. Die neutralen Kreditvolumina sind deshalb in den entwickelteren Regionen i. a. niedriger und in den ländlich-subsistenzwirtschaftlichen Räumen mit niedrigem NSP pro Kopf i. a. höher als nach der ersten Hypothese, wo noch die tatsächlichen „Vorleistungen" in Form von Einlagen Berücksichtigung finden. Insofern sind auch die expansiven und kontraktiven Effekte nach der ersten Hypothese i. a. kleiner, auch wenn sie qualitativ gesehen (expansiv bzw. kontraktiv) meist in die gleiche Richtung gehen. Denn die tatsächlichen Kreditvolumina sind in den entwickelteren Gliedstaaten relativ groß, in den ärmeren Gebieten, mit niedrigerem NSP pro Kopf, relativ klein. Die tatsächlichen Kreditvolumina übersteigen deshalb die fiktiven Größen nach oben und nach unten bei der ersten Arbeitshypothese weniger deutlich.

Die bisherigen Ergebnisse zeigen: Nach beiden Arbeitshypothesen erhält man beachtliche räumliche expansive und kontraktive Effekte, die in manchen Gliedstaaten ein Mehrfaches des tatsächlichen Kreditvolumens ausmachen. Um das Ausmaß dieser Effekte für ganz Indien zu beschreiben und über die Zeit hinweg vergleichbar zu machen, wird eine Verteilungsmaßzahl (VMZ) als das Verhältnis der Summe sämtlicher expansiver (oder der damit identischen Summe sämtlicher kontraktiver) Effekte zu dem gesamten tatsächlichen Kreditvolumen definiert (VMZ_1 nach der ersten, VMZ_2 nach der zweiten Arbeitshypothese):[36]

$$VMZ_1^{1961} = \frac{2.407}{12.835} = 0{,}19 \qquad VMZ_1^{1976} = \frac{19.063}{131.138} = 0{,}15$$

$$VMZ_2^{1961} = \frac{5.753}{12.835} = 0{,}45 \qquad VMZ_2^{1976} = \frac{51.081}{131.138} = 0{,}39$$

Je geringer die räumlichen Effekte sind, je „neutraler" die räumliche Verteilung der Kredite ist, desto kleiner ist der Zähler dieses Quotienten. Die Verteilungsmaßzahl besagt, wieviel Prozent des gesamten tatsächlichen Kreditvolumens als expansive bzw. kontraktive räumliche Effekte auftreten.

[36] Die Verteilungsmaßzahlen für 1961 wurden auf der Basis der Daten in folgender Quelle errechnet: Reserve Bank of India, Statistical Tables relating to Banks in India, Bombay 1962, S. 47, zu den Verteilungsmaßzahlen für 1976 vgl. Tabelle 6.

Nach der zweiten Arbeitshypothese betragen die räumlichen Effekte 45 % bzw. 39 % in den Jahren 1961 und 1976. Dies sind beachtliche Größenordnungen, in denen einiges an Brisanz steckt, wenn man bedenkt, daß diese Effekte überwiegend zu Lasten der subsistenzwirtschaftlichen und zugunsten der entwickelteren Gliedstaaten auftreten. Der Vergleich von 1961 zu 1976 zeigt, daß die räumlichen Effekte etwas abgenommen haben. Allerdings ist zu bedenken, daß ungeachtet dieser relativen Abnahme die absoluten Beträge deutlich gestiegen sind.

4.4.5 Ursache und Wirkung expansiver und kontraktiver Effekte

Ziel der beiden vorangegangenen Abschnitte war es, die Kreditvergabepraxis der Geschäftsbanken in den Gliedstaaten Indiens zu beschreiben. Dabei war es kaum zu vermeiden, daß, allein durch die verwendeten Definitionen und Begriffe („neutrales Kreditvolumen", „expansiv", „kontraktiv") Werturteile und kausale Deutungen ansatzweise einflossen. Im folgenden sollen die Ursachen und Wirkungen der expansiven und kontraktiven Effekte genauer untersucht werden.

Die beiden Abschnitte über Bankstellendichte sowie Einlagen und Kredite ließen den Schluß zu, daß es zu räumlichen Effekten durch das Geld- und Kreditwesen kommen kann, welche die entwickelteren Gebiete begünstigen und die subsistenzwirtschaftlichen Räume benachteiligen. Bei der Beurteilung der expansiven und kontraktiven Effekte kommt man zum gleichen Ergebnis. Welcher der beiden Bezugsgrößen für ein „neutrales Kreditvolumen" man auch als Zielgröße den Vorzug gibt, in beiden Fällen ermöglichen darüber hinausgehende Kredite vor allem in den entwickelteren Regionen eine überdurchschnittliche kreditfinanzierte Investitionstätigkeit (bzw. Konsumgüternachfrage). Dies fördert die wirtschaftliche Entwicklung und das Wachstum dieser Landesteile. Insofern wurde auch begrifflich von „expansiven Effekten" gesprochen. Dagegen konnte in den weniger entwickelten Gebieten mit niedrigem NSP pro Kopf eine i. a. unter dem „neutralen Kreditvolumen" liegende Kreditvergabe festgestellt werden. Da in dieser Größenordnung eine kreditfinanzierte Sachkapitalbildung unterbleibt, wurde bei den Differenzen zur jeweiligen Bezugsgröße von „kontraktiven Effekten" gesprochen.

Zu den bisherigen Erklärungen für eine ungleiche wirtschaftliche Entwicklung kommt damit ein völlig neues Element hinzu. Es ist nicht nur so, daß die reichen Regionen ihre Produktivität durch einen besseren Monetisierungsgrad und höhere kreditfinanzierte Investitionen steigern, was durch hohe Einlagen, als eine der wichtigsten Finanzierungsquellen der Geschäftsbanken, möglich ist. Allein dies würde schon eine ungleiche, die reicheren Landesteile bevorzugende wirtschaftliche Entwicklung ermöglichen (vgl. Abschnitt 4.4.1 und 4.4.2). Über diese Ungleichheit in den „Eigenkräften" hinaus werden in den entwickelteren Gliedstaaten zusätzliche Kredite vergeben, auf die eigentlich die ärmeren Regionen einen „Anspruch" haben, wenn man eine der in den Arbeitshypothesen enthaltenen Zielgrößen für jeden Gliedstaat anstrebt.

Die tatsächliche Situation in den indischen Landesteilen kann man sich bildhaft wie folgt vorstellen: Die Einlagen aus den verschiedenen Regionen werden von den Zweigstellen der Geschäftsbanken, als den wichtigsten „Saugnäpfen" der finanziellen Infrastruktur, aufgenommen und fließen in ein Sammelbecken des Geschäftsbankensystems. Korrekterweise sollte man erwähnen, daß dieses Becken auch noch von anderen (Finanzierungs-)Quellen gespeist wird. Aus diesem Stausee erfolgt ein Rückfluß in die einzelnen Regionen in Form von Krediten. Die Notenbank hat dabei z. B. durch die Mindestreservepolitik die Möglichkeit, auf das gesamte Ausmaß des Rückstroms Einfluß zu nehmen. Sie kann durch Erhöhung oder Senkung der Mindestreserven die Reservehaltung im Sammelbecken regulieren, wie sie andererseits etwa durch die Diskontpolitik die Kreditnachfrage und damit den Rückstrom beeinflussen kann. Es wurde festgestellt, daß, an den Einlagen gemessen, ein größerer prozentualer Teil der Kredite in die reicheren Regionen fließt als in die ärmeren. Das landesweite Gitternetz der finanziellen Infrastruktur, speziell das der Geschäftsbanken, bewirkt offensichtlich *keine* Kreditversorgung im Hinblick auf das Ziel einer gleichmäßigen wirtschaftlichen Entwicklung aller Landesteile. Denn dies würde gerade in den ärmeren Gebieten mit relativ wenig Eigenmitteln eher eine überdurchschnittliche kreditfinanzierte Sachkapitalbildung, zumindest aber eine „neutrale", erforderlich machen. Vergleicht man die finanzielle Infrastruktur mit ihrem Filialnetz mit einem Bewässerungssystem, das für gleichmäßige Feuchtigkeit auf allen Feldern sorgen soll, so wirkt dieses System in den ländlich-subsistenzwirtschaftlichen Regionen tatsächlich als Entwässerungssystem, das den „trockenen" Landstrichen noch einen großen Teil ihres ohnehin zu geringen Wasseraufkommens entzieht und damit die recht gut versorgten Regionen im Überfluß leben läßt. Diese Situation kann man auch folgendermaßen interpretieren: Wenn das jeweilige landesweite Kreditvolumen Indiens und damit die durchschnittliche Kreditschöpfung, auf die Einlagen bezogen, den notenbankpolitischen Zielvorstellungen entspricht, die ja durch die währungspolitischen Instrumente beeinflußt werden kann, so bedeuten die festgestellten Unterschiede zwischen den einzelnen

Gliedstaaten, daß es regional gesehen über die expansiven und kontraktiven monetären Effekte zu dementsprechenden Wirkungen auf die wirtschaftliche Entwicklung kommt. Dies könnte wünschenswert sein, wenn die diese Entwicklung auslösenden expansiven Effekte in den wenig entwickelten Regionen aufträten und die kontraktiven in den Teilen mit überdurchschnittlichen Wachstumsraten. Es ist aber genau umgekehrt, eine Tatsache, die wiederum eine der Ursachen dafür sein dürfte, warum sich die Einkommensunterschiede in den verschiedenen Gliedstaaten Indiens vergrößert haben.

Soviel über die Wirkungsweise expansiver und kontraktiver Effekte auf die wirtschaftliche Entwicklung. Auf die möglichen Ursachen des Transfers von Kreditpotential aus den ärmeren in die reicheren Regionen wurde bereits eingegangen (vgl. Abschnitt 2). Bei Abwägung von Ertrag und Risiko eines Kredits durch die ertragsorientierteren Geschäftsbanken schneiden die ländlich-subsistenzwirtschaftlichen Gebiete gegenüber den entwickelteren Regionen normalerweise schlechter ab. Dies kann durchaus bedeuten, daß in den ärmeren Gliedstaaten zu bestimmten Konditionen überhaupt keine Kreditnachfrage bis zur Höhe des „neutralen Kreditvolumens" vorhanden ist. Aber selbst wenn in den subsistenzwirtschaftlichen Regionen genügend kreditsuchende Investoren vorhanden sind, welche die Konditionen, insbesondere die Zinshöhe, akzeptieren, könnte es sein, daß die Geschäftsbanken diese Kreditnachfrage nicht vollständig befriedigen, weil ihnen das Risiko zu hoch erscheint. Ferner ist es denkbar, daß auch machtpolitische Interessen die aufgezeigte ungleiche Kreditverteilung begünstigen. Die Gliedstaaten mit hohem NSP pro Kopf und ihrem dementsprechenden Entwicklungsvorsprung sind als Nachfrager von Krediten einfach in einem komperativen Vorteil. Sie sind von ihrer größeren wirtschaftlichen Potenz her eher in der Lage, die geforderten Zinsen zu zahlen und die notwendigen Sicherheiten zu leisten. Das Risiko für die Geschäftsbanken ist geringer. Daß die befriedigte Kreditnachfrage der entwickelteren Regionen höher gewesen sein muß als ihr „neutrales Kreditvolumen" ist sicher. Denn sie haben zu den gegebenen Konditionen ja tatsächlich mehr Kredite in Anspruch genommen.

Als wichtigste Ursache für die expansiven und kontraktiven monetären Effekte kann man danach das Gefälle in der wirtschaftlichen Entwicklung und Leistungsfähigkeit sehen, das es den entwickelteren Regionen erlaubt, zusätzliches Kreditpotential aus den subsistenzwirtschaftlichen Gebieten zu „saugen". Mit diesem überdurchschnittlichen Kreditvolumen werden zusätzliche kreditfinanzierte Investitionen möglich, wodurch sich der Entwicklungsvorsprung der reicheren Gliedstaaten Indiens gegenüber den ärmeren weiter vergrößert. Wie bei den Analysen zur Bankstellendichte sowie den

Einlagen und Krediten (vgl. Abschnitt 4.4.1 und 4.4.2) fügen sich beide Argumentationsteile wieder zu einem „circulus vitiosus" zusammen. Dieses Ergebnis kann möglicherweise eine weitere Erklärung dafür liefern, warum sich die Regionen in ihrer wirtschaftlichen Entwicklung in den 15 Jahren des Betrachtungszeitraums i. a. auseinanderentwickelt haben. Es soll damit aber nicht der Eindruck erweckt werden, hierin könnte die einzige oder wenigstens die wichtigste Ursache dafür gesehen werden. Wie schon bei der Vorstellung der verschiedenen Erklärungen für Unterentwicklung gesagt wurde (vgl. Abschnitt A), gibt es sicher eine ganze Reihe von Gründen, die sich überlagern und zu einer Gesamtwirkung führen, welche man dann in der Veränderung des Sozialprodukts messen kann. Insofern kann nicht erwartet werden, daß etwa ein unikausaler Zusammenhang zwischen Wachtumsrate und den obigen expansiven und kontraktiven monetären Effekten meßbar ist. Denn die anderen die wirtschaftliche Entwicklung beeinflussenden Größen (z. B. Rohstoffe, Infrastruktur, Klima, Bevölkerungswachstum, Mentalität, Religion usw.) bleiben in ihrer quantitativen Wirkung auf das Wachstum hier unberücksichtigt. Zweifelhaft ist auch, ob es jemals gelingen wird, alle diese Einflußfaktoren in ein handhabbares Wachstumsmodell für Entwicklungsländer einzubringen.

Für die einzelnen Jahre zwischen 1960/61 und 1975/76 lagen leider keine vergleichbaren und einigermaßen zuverlässigen Daten über die Entwicklung des NSP vor. Aber aus den aufgezählten Gründen wäre eine Zeitreihenanalyse auch nur begrenzt aussagefähig gewesen, selbst wenn ein Gleichlauf zwischen den Kurven des NSP und des Kredit-Einlage-Quotienten in manchen Regionen festzustellen gewesen wäre. Denn wie schon gesagt, die Kreditvergabe ist eben nur ein Faktor von vielen, die es allein im Bereich des Geld- und Kreditwesens gibt, und darüber hinaus existieren noch zahlreiche wichtige Größen außerhalb der finanziellen Infrastruktur, die Einfluß auf das Wachstum nehmen. Stellt man die – allerdings kaum aussagekräftigen – jahresdurchschnittlichen wirtschaftlichen Wachstumsraten der Entwicklung des Kredit-Einlage-Quotienten gegenüber, so lassen sich keine eindeutigen Tendenzen erkennen. Die Quotienten haben sich in den 15 Jahren bei einem großen Teil der Gliedstaaten nur unwesentlich verändert, und wenn eine bemerkenswerte Veränderung nach unten oder oben erkennbar war, so schlug sich dies keineswegs immer auch in einem sehr niedrigen oder sehr hohen Wachstum nieder. So verringerte sich z. B. der Quotient bei Himachal Pradesh von 47,9 auf 17,3, während dennoch ein beachtliches Wachstum von 1,76 % pro Jahr vorhanden war. Dagegen verdreifachte sich der Quotient bei Jammu und Kashmir, während das Wachstum mit 1,35 % hinter Himachal Pradesh zurückblieb (vgl. Tabelle 3).

4.4.6 Beispiele: Bihar und Karnataka

Beispielhaft sollen im folgenden zwei im Wachstum extrem entgegengesetzte Gliedstaaten betrachtet werden. Durch extrem hohes Wachstum in den 15 Jahren bis 1976 zeichneten sich Punjab (durchschnittlich jährlich 2,76 %), Haryana (2,46 %) und Karnataka (2,38 %) aus. Punjab (vgl. Abschnitt 4.1) und Haryana (um das Entwicklungzentrum Delhi) sollen als Sonderfälle ausscheiden. Sie gehörten auch schon 1961 zu den reichsten Regionen Indiens und nehmen schon allein von daher eine Sonderstellung ein. So kann man als typische wachstumsintensive Region Karnataka ansehen. Kein bzw. sogar ein Minuswachstum weisen nur West Bengal (–0,10 %) und Bihar (–0,03 %) auf. West Bengal, an der Grenze zu Bangladesh, mit seinen besonderen Problemen allein durch das Armenhaus Calcutta, soll ebenfalls ausgeklammert bleiben. Dann darf man als typischen Vertreter für die wachstumsschwachen Regionen Bihar bezeichnen (vgl. Tabelle 7, auch für die weiteren Ausführungen).

Tabelle 7: Bihar und Karnataka: Vergleichsindikatoren 1961 und 1976

	A	B	C		D	E	
Jahr	1976	1976	1961	1976	61-76	1961	1976
Bihar	173,9	61,8	215	214	-0,03	3,8	17,7
Karnataka	191,8	32,4	286	407	+2,38	18,1	63,2

	F		G		H		I	J
Jahr	1961	1976	1961	1976	1961	1976	1976	1976
Bihar	12,1	128	5,2	55	42,9	42,8	-2632	-10090
Karnataka	32,9	271	22,4	265	68,2	98,0	+1921	+1533

A Fläche in 1000 km^2

B Bevölkerung in Mio.

C NSP zu Faktorkosten pro Kopf in Rs. zu Preisen von 1960/61

D Durchschnittliche prozentuale jährliche Wachstumsrate

E Zahl der Bankstellen auf 1 Mio. Einwohner

F Einlage pro Kopf in Rs. bei den "Scheduled Commercial Banks"

G Kredit pro Kopf in Rs. bei den "Scheduled Commercial Banks"

H Kredit-Einlage-Quotient

I Arbeitshypothese 1: expansive (+) bzw. kontraktive (-) räumliche Effekte in Mio. Rs.

J Arbeitshypothese 2: expansive (+) bzw. kontraktive (-) räumliche Effekte in Mio. Rs.

Quelle: Vgl. Tabelle 1, 2, 3 und 6.

Bihar und Karnataka sind mit 173.900 und 191.800 km^2 sowie mit 61,8 und 32,4 Mio. Einwohner großflächige und bevölkerungsreiche Gliedstaaten, die 1961 mit 215 bzw. 286 Rs. NSP pro Kopf zwar deutlich, aber nicht allzuweit voneinander entfernt lagen, wenn man den Vergleich zu den übrigen Gliedstaaten zieht. Bihar bildete damals schon das Schlußlicht in der Wohlstandsskala, woran sich bis 1976 nichts geändert hat. Hingegen hat Karnataka seinen Wohlstand pro Kopf um 121 Rs. (zu festen Preisen von 1960/61) erhöhen können und hat jetzt einen doppelt so hohen Wohlstand als Bihar, ein imposantes Wachstum. Es braucht nicht erneut betont zu werden, daß Wachstum und wirtschaftliche Entwicklung auch von anderen Einflußfaktoren bestimmt werden. Im Rahmen dieser Arbeit ging es jedoch nur um solche Daten, die mit der finanziellen Infrastruktur im Zusammenhang stehen.

Das ist zunächst die Bankstellendichte. Im Vergleich zu Bihar hatte Karnataka schon 1961 mit 17,7 auf 1 Mio. Einwohner mehr als viermal so viele Geschäftsstellen. In den kommenden 15 Jahren nahm die Bankstellendichte zwar in beiden Gliedstaaten zu, in Bihar um 14,3 Bankstellen, in Karnataka jedoch um 45,5 Bankstellen auf 1 Mio. Einwohner. Die Monetisierung hat danach, gemessen an der Bankstellendichte, in Karnataka die weitaus größeren Fortschritte gemacht. Bei Einlagen und Krediten zeigt sich ein dementsprechendes Bild. 1961 lagen die Einlagen pro Kopf in Karnataka fast dreimal so hoch wie in Bihar, obwohl sich das NSP pro Kopf nicht so deutlich unterschied. 1976 entsprechen die Einlagen pro Kopf in beiden Regionen schon eher dem Wohlstandsgefälle. Sie sind in Bihar etwa halb so hoch.

Es ist schwer abzuschätzen, wie groß der zusätzliche Produktivitätsbeitrag in Karnataka allein durch den deutlich höheren Monetisierungsgrad ist. Bei den Krediten hat man dagegen einen quantifizierbaren Anhaltspunkt. Hier war das Kreditvolumen pro Kopf in Karnataka im Vergleich zu Bihar bereits 1961 viermal so hoch, 1976 mit 265 Rs. sogar fast fünfmal so hoch, ein recht bemerkenswerter Unterschied. Steht er doch in seiner Wirkung für eine sehr deutliche Begünstigung der wirtschaftlichen Entwicklung in Karnataka. Auf die kausalen Zusammenhänge wurde bereits genauer eingegangen (Abschnitt 4.4.2.).

Betrachtet man den Kredit-Einlage-Quotient, so blieb dieser, wie das NSP pro Kopf, von 1961 zu 1976 in Bihar fast unverändert (42,9 und 42,8). In Karnataka war er mit 68,2 schon 1961 höher als in Bihar und erhöhte sich bis 1976 auf 98,0. Dem entsprechen deutliche kontraktive Effekte in Bihar und expansive in Karnataka. Nach der ersten Arbeitshypothese, welche noch die Einlagen als „Anspruchsgrundlage“ berücksichtigt, erhält man für 1976 in

Bihar einen kontraktiven Effekt von (–) 2.632 Mio. Rs., während der expansive Effekt in Karnataka (+) 1.921 Mio. Rs. beträgt. Dabei ist in Erinnerung zu rufen, daß sich kontraktive und expansive Effekte sämtlicher Gliedstaaten Indiens aufheben, d. h. daß die weniger entwickelten armen Gebiete im Umfang ihrer kontraktiven Effekte in den reicheren und entwickelteren Regionen expansive Effekte ermögichen. Überspitzt und einmal nur isoliert auf die beiden Gliedstaaten bezogen darf vielleicht sogar gesagt werden, das arme Bihar verzichtet zugunsten des, am NSP pro Kopf gemessen, fast doppelt so reichen Karnataka auf eigenes Kredit- und Entwicklungspotential, jedenfalls soweit es die das Wachstum beeinflussende kreditfinanzierte Sachkapitalbildung betrifft. Das Ausmaß des kontraktiven Effekts in Bihar mit (–) 2.632 Mio. Rs. wird besonders deutlich, wenn man ihn mit dem tatsächlichen Kreditvolumen von 3.376 Mio. Rs. vergleicht (siehe Tabelle 6).

Ein noch extremeres Bild liefert die zweite Arbeitshypothese. Danach hat Bihar einen „Kreditanspruch“ von insgesamt 13.466 Mio. Rs., tatsächlich erhält dieser Gliedstaat nur die erwähnten 3.376 Mio. Rs. Der kontraktive Effekt beträgt in diesem Fall sogar (–) 10.090 Mio. Rs., d. h. das Dreifache (!) des tatsächlichen Kreditbetrags. Wenn in den ärmeren Regionen auch die anderen wachstumsnotwendigen Faktoren im Vergleich zu den reicheren genauso „wirksam“ sind, brauchen sich die Ärmsten der Armen in den Entwicklungsländern nicht zu wundern, wenn sich bei ihnen nichts bewegt.

Man kann in Anlehnung an die obige Definition der Verteilungsmaßzahlen für ganz Indien auch Verteilungsmaßzahlen für die einzelnen Gliedstaaten definieren, indem man die räumlichen Effekte zum tatsächlichen Kreditvolumen in dem zu betrachtenden Gliedstaat zueinander in Bezug setzt. So gilt z. B. für Bihar:[37]

$$\text{Bihar-VMZ}_1^{1961} = \frac{-128}{242} = -0{,}53 \qquad \text{Bihar-VMZ}_1^{1976} = \frac{-2.632}{3.376} = -0{,}78$$

$$\text{Bihar-VMZ}_2^{1961} = \frac{-1.129}{242} = -4.67 \qquad \text{Bihar-VMZ}_2^{1976} = \frac{-10.090}{3.376} = -2{,}99$$

Die Verteilungsmaßzahl für die einzelnen Gliedstaaten besagt wiederum, wieviel Prozent des tatsächlichen Kreditvolumens als expansiver bzw. kontraktiver Effekt wirksam sind. Das Vorzeichen (–) bei den Verteilungsmaßzahlen für Bihar bedeutet, daß es sich um kontraktive räumliche Effekte handelt. Nach der ersten Arbeitshypothese beträgt der kontraktive Effekt

37 Die Verteilungsmaßzahlen für 1961 wurden auf der Basis der Daten in folgender Quelle errechnet: Reserve Bank of India, Statistical Tables relating to Banks in India, Bombay 1962, S. 47, zu den Verteilungsmaßzahlen für 1976 vgl. Tabelle 6 bzw. 7.

1976 beispielsweise fast 80 % des tatsächlichen Kreditvolumens, nach der zweiten fast 300 %. 1961 gab es mit annähernd 500 % sogar einen extrem starken kontraktiven Effekt nach der zweiten Arbeitshypothese, der sich 1976 jedoch abgeschwächt zeigt (allerdings bei deutlich angestiegenen absoluten Beträgen).

Abbildung 13: Expansive und kontraktive räumliche Effekte nach Arbeitshypothese 1 und 2 in den indischen Gliedstaaten Bihar und Karnataka

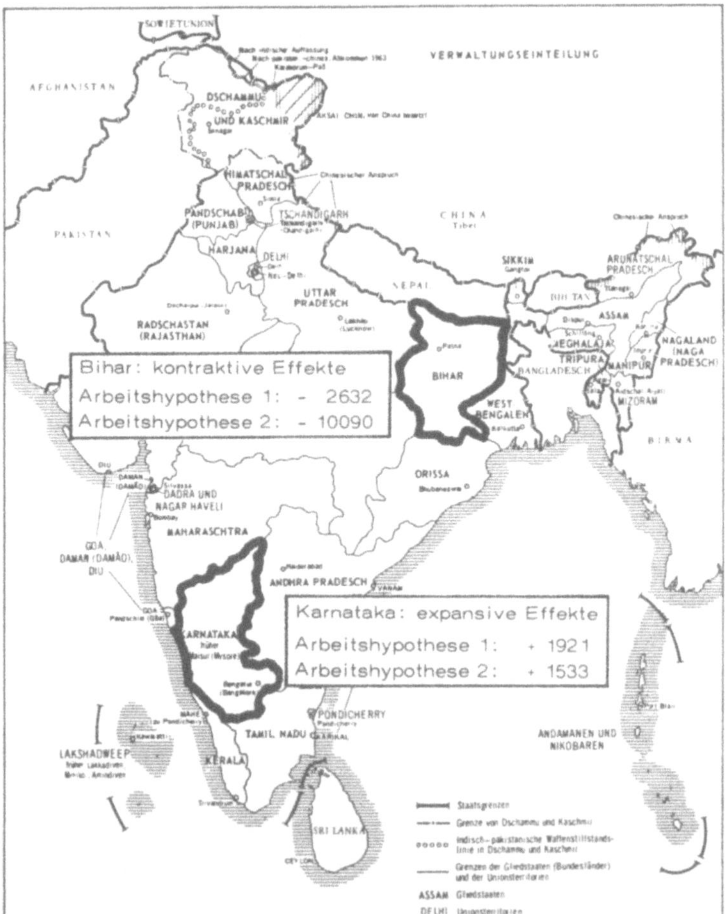

Quelle: Vgl. Tabelle 6 bzw. 7, Vorlage für die Karte: Statistisches Bundesamt, Länderkurzbericht Indien, Wiesbaden 1979, S. 5.

4.4.7 Großregionen, Gliedstaaten und Distrikte

Die bisherigen Untersuchungen, insbesondere die Analysen zu den expansiven und kontraktiven Effekten, bezogen sich auf ganz Indien bzw. auf die einzelnen Gliedstaaten. Expansive und kontraktive Effekte lassen sich auch auf der Ebene von Großregionen (Nord-, Nordost-, Zentral-, Ost-, West- und Südregion sowie Delhi wegen seiner Bedeutung) betrachten, indem man die Effekte der Gliedstaaten in den betreffenden Großregionen aggregiert. Bei dieser Vorgehensweise erhält man folgendes Bild: Nach der ersten Arbeitshypothese „profitierte" nur die Südregion in nennenswertem Maße und ganz besonders Delhi mit +10.768 Mrd. Rs. Alle übrigen Großregionen müssen mit einem negativen Effekt fertig werden, wobei besonders die Nordregion, die Zentralregion und die Ostregion spürbar betroffen waren. Dieses grobe Bild verändert sich, wenn man nach der zweiten Hypothese die Einlagen als „Anspruchsgrundlage" wegläßt und lediglich nach dem durchschnittlichen Kreditbetrag pro Kopf für ganz Indien vorgeht. Dann „profitieren" die Westregion und Delhi außerordentlich, während alle übrigen Regionen (Kredit-)„Ansprüche" abgeben, im Gegensatz zur ersten Betrachtungsweise auch die Südregion (vgl. Abbildung 14 und 15).

Steigt man eine Ebene tiefer, ergibt sich ein sehr viel differenziertes Bild. So ist beispielsweise der expansive Gesamteffekt in der Westregion nach der ersten Arbeitshypothese vernachlässigbar klein (+285). Betrachtet man jedoch die beiden großen diese Region bildenden Gliedstaaten Gujarat und Maharashtra, erkennt man, daß dem deutlichen expansiven Effekt in Maharashtra (+2.349) ein fast gleich hoher kontraktiver in Gujarat (–2.064) gegenübersteht, d. h. innerhalb der einzelnen Gliedstaaten sind die Effekte bemerkenswert groß, heben sich jedoch gegenseitig fast auf. Das gleiche gilt auch nach der zweiten Hypothese, wobei sich die Zahlen und teilweise sogar die Vorzeichen verändern. So entfällt z. B. auf die Westregion ein sehr großer expansiver Effekt (+18.903), der jedoch hauptsächlich auf Maharashtra zurückzuführen ist (+18.022), während Gujarat(+881) daran nur einen geringen Anteil hat.

Nach der Betrachtung der Gliedstaaten und Großregionen wäre es zweifellos sehr interessant, innerhalb der einzelnen Gliedstaaten noch eine Ebene tiefer zu steigen. Die Abbildung 16 zeigt Bihar und Karnataka, wobei die schraffierten Flächen die ausgewiesenen rückständigen Distrikte in beiden Regionen darstellen. Leider konnten die Daten über Kredit- und Einlagevolumina in den Distrikten nicht beschafft werden. Hätte man diese, wäre es sicher keine Überraschung, beim Vergleich der einzelnen Distrikte eines

Abbildung 14: Expansive und kontraktive räumliche Effekte in Großregionen nach der Arbeitshypothese 1

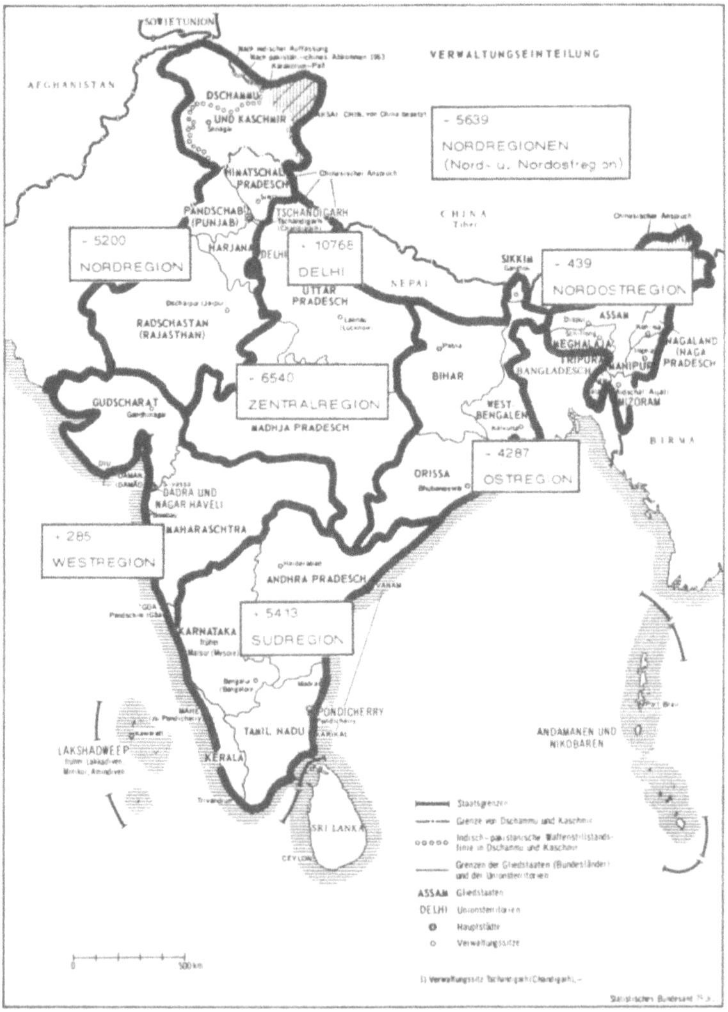

Quelle: Vgl. Tabelle 6, Vorlage für die Karte: Statistisches Bundesamt, Länderkurzbericht Indien, Wiesbaden 1979, S. 5.

Abbildung 15: Expansive und kontraktive räumliche Effekte in Großregionen nach der Arbeitshypothese 2

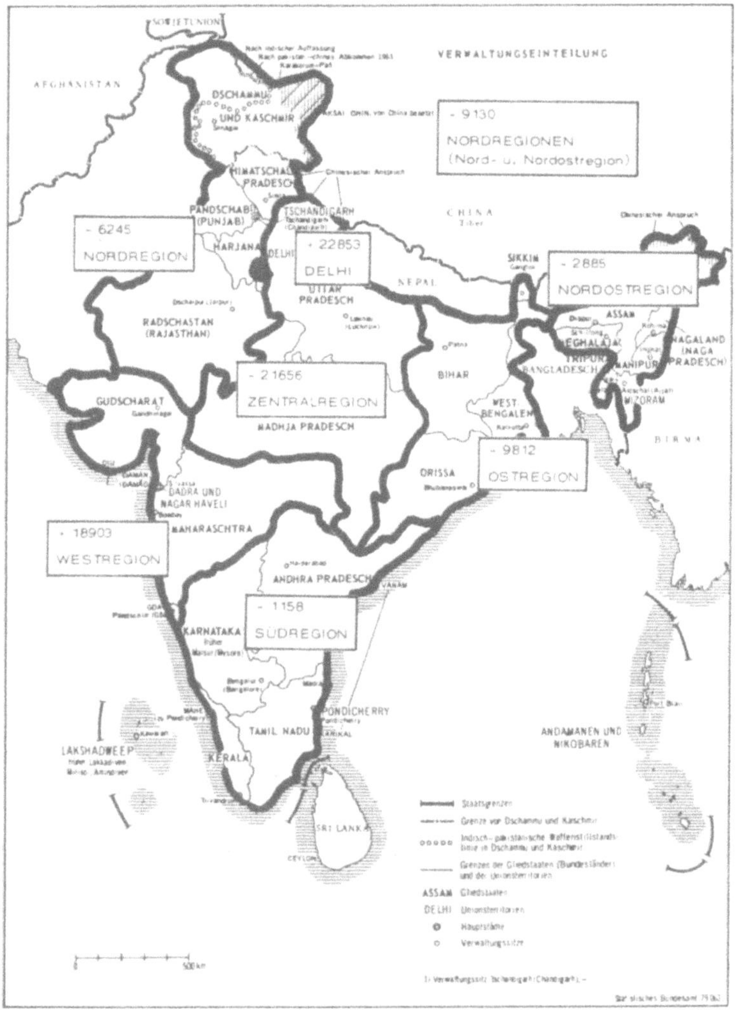

Quelle: Vgl. Tabelle 6, Vorlage für die Karte: Statistisches Bundesamt, Länderkurzbericht Indien, Wiesbaden 1979, S. 5.

Gliedstaates, wieder expansive und kontraktive Effekte festzustellen, wenn man analog zu den beiden Arbeitshypothesen (vgl. Abschnitt 4.4.4) „neutrale Kreditvolumina“ auf Distriktsebene bildet und diese mit den tatsächlichen vergleicht. Dabei ergäbe die Summe aller „Ansprüche“ jetzt das tatsächliche Kreditvolumen des betreffenden Gliedstaates, welches für sich betrachtet in den entwickelteren Gliedstaaten relativ hoch und in den ärmeren relativ niedrig ist. Dies hieße, daß auf die ärmsten Distrikte innerhalb der wenig entwickelten Gliedstaaten ein doppelter kontraktiver Effekt zukommt. Einmal indirekt, indem der Gliedstaat, dem sie angehören, bereits mit einem kontraktiven Effekt leben muß, weil das tatsächliche Kreditvolumen im Vergleich zum „Anspruch“ schon zu niedrig ist (vgl. Abschnitt 4.4.4). Zum zweiten würde sich dann dieses relativ niedrige Kreditvolumen innerhalb des Gliedstaates zugunsten der entwickelteren und zu Lasten der weniger entwickelten, sehr armen, Distrikte verteilen.

Würde sich diese Vermutung bestätigen, wäre es umgekehrt in den Gliedstaaten mit hohem NSP pro Kopf dann so, daß in den wohlhabenderen Distrikten, innerhalb dieser vergleichsweise reichen Gliedstaaten, zweifach expansive Effekte auftreten. Einmal schneidet der Gliedstaat bei der Verteilung der Kredite auf der Ebene der Gliedstaaten schon überdurchschnittlich gut ab. Weiterhin würde sich dieses Kreditvolumen innerhalb des Gliedstaates zugunsten der am weitesten entwickelten Distrikte verteilen.

Zu dieser Betrachtung von Distrikten, Gliedstaaten und Großregionen kommt schließlich noch hinzu, daß manche Entwicklungsländer netto Kapital exportieren,[38] das vorwiegend in die Industriestaaten fließt und dort als Kredit des Entwicklungslandes anzusehen ist. In einem Extremfall könnte dies darauf hinauslaufen, daß z. B. ein armer Bauer im ärmsten Distrikt des wenig entwickelten Bihar ein kleines Sparguthaben bei einer Bank besitzt, das über das Gitternetz der nationalen und internationalen finanziellen Infrastruktur einen, wenn auch winzigen, Beitrag zur kreditfinanzierten Sachkapitalbildung beispielsweise in der Bundesrepublik Deutschland leistet, wobei diese Verbindung nicht direkt besteht, da zwischen Sparer (Einlagen) und

---

[38] Vgl. *Griffin*, K., Foreign Capital, Domestic Savings and Economic Development, in: Bulletin of the Oxford University Institute of Economics & Statistics, Volume 32, 1970, S. 99 f. Ferner vgl. *Stuart*, B. C., Stabilitätspolitik in Portugal 1974–1978, in: Finanzierung & Entwicklung 3/1981, S. 25 ff. Durch eine Erhöhung des Anlagerisikos nach der portugiesischen Revolution im Jahre 1974 wurden während dieser Krisenjahre Ersparnisse in hohem Maße ins Ausland transferiert. Dieser Effekt war begleitet vom Rückgang der Gastarbeiterüberweisungen ins Heimatland Portugal. Solche Vorgänge können aber auch bei Entwicklungsländern mit weniger dramatischem Verlauf in der politischen Landschaft beobachtet werden.

Abbildung 16: Rückständige Gebiete der Gliedstaaten Bihar und Karnataka

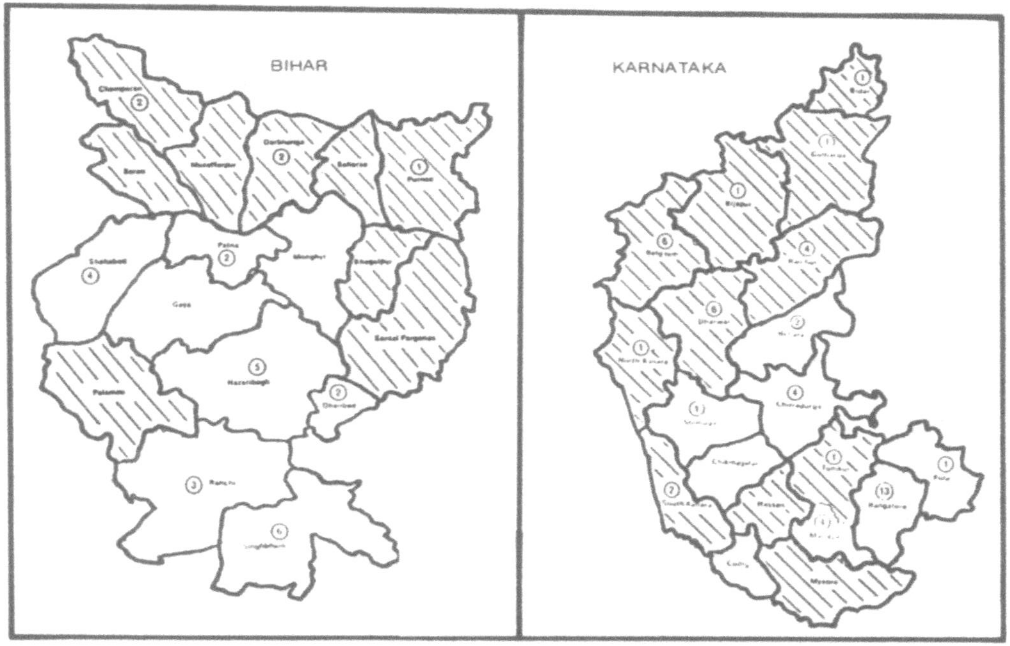

Die Karten wurden nach Angaben der Kreditanstalt für Wiederaufbau, Frankfurt, angefertigt. Die schraffierten Flächen stellen die rückständigen Gebiete der beiden Gliedstaaten Bihar und Karnataka dar.

Investor (Kredite) der nationale und internationale Bankenapparat steht (Transformationsfunktion des Geldes).

4.5 Räumliche Effekte durch Poststellen

Die Post mit ihren landesweiten Einrichtungen ist ein wichtiger Bestandteil der allgemeinen Infrastruktur. In diesem Abschnitt wird jedoch nur auf diejenigen Bereiche abgestellt, die man zur finanziellen Infrastruktur im eingangs definierten Sinne zählen kann. Insbesondere werden die Anzahl der Poststellen und Konten sowie die Einlagen näher betrachtet. Diesem Bereich der finanziellen Infrastruktur sollte man gerade in Entwicklungsländern besondere Beachtung schenken, da er i. a. früher vorhanden ist bzw. schneller ausgebaut wird als das Zweigstellennetz der Geschäftsbanken. Um die Daten für eine Analyse vergleichbar zu machen, wurden die Poststellen auf 1 Mio. Einwohner und die Zahl der Konten bei der Post auf 1.000 Einwohner berechnet. Bei den Einlagen wurde der Durchschnitt pro Konto und pro Kopf der Bevölkerung ermittelt (vgl. Tabelle 8).

Die Regressionsanalysen (Querschnittsanalysen, vgl. Tabelle 9) haben gezeigt, daß zwischen dem NSP pro Kopf, als dem Maß für Wohlstand und wirtschaftlichen Entwicklungsstand, und der *Poststellendichte* (Zahl der Poststellen auf 1 Mio. Eonwohner) kein signifikanter Zusammenhang besteht. Dies gilt besonders für das Jahr 1961, während sich für 1976 ein Bestimmtheitsmaß von immerhin 0,30 ergibt, woraus aber bestenfalls auf einen beginnenden Zusammenhang zwischen wirtschaftlicher Entwicklung und Poststellendichte geschlossen werden könnte. Bei der Betrachtung der absoluten Zahlen ist festzustellen, daß es beim Ausbau des Poststellennetzes nicht zu einer gleichmäßigeren regionalen Verteilung kam. Gliedstaaten mit relativ hoher Poststellendichte (z. Punjab mit 39,7 im Jahre 1961) haben erheblich zugelegt (162,6 im Jahre 1976), andere mit vergleichbarer Dichte haben ihr Niveau nicht einmal verdoppelt (West Bengal von 35,0 auf 51,3). Und viele Gliedstaaten mit einer sehr niedrigen Poststellendichte im Jahre 1961 konnten auch bei einer Verdoppelung oder Verdreifachung bis 1976 gerade das Niveau von 1961 der zuerst genannten Regionen erreichen. Das Bild ist sehr unterschiedlich und läßt keine besonderen Schlüsse zu.

Dagegen führen die Analysen zu dem Ergebnis, daß ein Zusammenhang zwischen der *Kontenzahl* bei den Poststellen auf 1.000 Einwohner und dem NSP pro Kopf besteht: Je höher der Wohlstand, um so größer ist die Kontenzahl. Dieses Ergebnis bestätigt erneut, daß der Monetisierungsgrad in är-

Tabelle 8: NSP pro Kopf, Poststellendichte, Konten und Einlagen bei Poststellen in den Gliedstaaten Indiens 1961 und 1976

	A		B		C		D		E	
Gliedstaaten	1961	1976	1961 (1962)	1976	1961 (1962)	1976	1962	1976	1962	1976
1 Haryana	327	471	-	-	-	-	-	-	-	-
2 Himachal Pradesh	314	361	-	-	-	-	-	-	-	-
3 Jammu & Kashmir	269	329	-	39,4	-	42,7	-	614	-	26,3
4 Punjab	366	551	55,8	91,9	39,7	162,6	654	646	32,6	105,0
5 Rajastan	284	311	41,4	37,3	7,1	30,9	443	343	3,5	10,6
6 Assam	315	374	23,2	40,8	10,7	46,8	551	591	12,0	27,7
7 Bihar	215	214	23,9	21,3	13,5	31,7	641	766	9,0	24,3
8 Orissa	216	288	57,3	32,2	13,4	42,5	382	497	5,6	21,1
9 West Bengal	390	384	34,4	26,1	35,0	51,3	552	630	19,4	32,4
10 Madhya Pradesh	260	281	-	21,6	-	76,3	-	361	-	12,6
11 Uttar Pradesh	252	270	24,5	25,7	29,1	62,0	424	554	12,8	34,4
12 Gujarat	362	395	25,2	37,9	19,3	35,7	767	469	14,8	16,8
13 Maharashtra	409	478	-	29,4	-	67,9	-	284	-	27,5
14 Andhra Pradesh	275	330	43,1	42,3	12,4	27,1	222	255	3,1	6,9
15 Karnataka	286	407	38,1	41,9	11,1	23,7	306	277	2,9	6,6
16 Kerala	259	297	34,3	50,8	11,6	35,1	222	267	5,1	9,4
17 Tamil Nadu	334	358	78,1	58,9	27,0	77,8	262	128	5,3	10,0
18 Delhi	676	799	40,0	55,5	96,4	124,9	641	697	62,9	87,2

A NSP zur Faktorkosten pro Kopf in Rs. zu Preisen von 1960/61

B Zahl der Poststellen auf 1 Mio. Einwohner

C Zahl der Konten bei Poststellen auf 1000 Einwohner

D Durchschnittliche Einlage pro Postsparkonto in Rs.

E Durchschnittliche Postspareinlage pro Kopf in Rs.

Vgl. Quellen und Anmerkungen von Tabelle 3. In den Spalten B und C wurden die Daten von 1962 benutzt, weil für 1961 keine Zahlen vorhanden waren.

Tabelle 9: Regressionsanalysen: NSP pro Kopf mit Poststellendichte, Konten und Einlagen bei Poststellen in den Gliedstaaten Indiens 1961 und 1976

Regressionsanalyse für 1961 (y = a + bx)	A	a	b	R^2
Zahl der Poststellen auf 1 Mio. Einwohner	13[1]			0,00
Zahl der Konten bei Poststellen auf 1.000 Einw.	13[1]	-34,77	0,18	0,85
Durchschnittliche Einlage pro Postsparkonto	13[1]			0,18
Durchschnittliche Postspareinlage pro Kopf	13[1]	-27,17	0,13	0,83
Regressionsanalyse für 1976 (y = a + bx)	**A**	**a**	**b**	**R^2**
Zahl der Poststellen auf 1 Mio. Einwohner	16[2]			0,30
Zahl der Konten bei Poststellen auf 1.000 Einw.	16[2]	-12,92	0,19	0,48
Durchschnittliche Einlage pro Postsparkonto	16[2]			0,05
Durchschnittliche Postspareinlage pro Kopf	16[2]	-28,16	0,15	0,55

Die Regressionsanalysen beziehen sich auf sämtliche Gliedstaaten Indiens, soweit in den Orginalquellen Daten angegeben waren (vgl. Tabelle 8).

1 Ohne Gliedstaaten 1-3, 10 und 13.

2 Ohne Gliedstaaten 1 und 2.

Vgl. ferner Anmerkungen zu Tabelle 4. Der kritische Wert beträgt bei einer Irrtumswahrscheinlichkeit von 0,05 0,28 (Stichprobenumfang 13) bzw. 0,23 (Stichprobenumfang 16). Dieser Wert erhöht sich bei einer Irrtumswahrscheinlichkeit von nur 0,01 auf 0,44 (13) bzw. 0,37 (16).

meren Gliedstaaten niedriger ist als in wohlhabenderen, wenn man einmal die Anzahl der Konten bei der Post, unabhängig von der Einlagenhöhe, als einen weiteren Indikator für das Ausmaß der Monetisierung ansieht. Die hohe Güte der gefundenen Regressionsbeziehung, gemessen am Bestimmtheitsgrad, ging von 1961 zu 1976 zurück (von 0,85 auf 0,48). Es ergibt sich aber auch für 1976 noch ein Wert, der deutlich über dem kritischen liegt, selbst bei einer Irrtumswahrschienlichkeit von 0,01.

Die Analysen zeigen, daß keine Korrelation zwischen NSP pro Kopf und durchschnittlicher Einlage pro Postsparkonto besteht. Wesentlich aufschlußreicher ist die Höhe der Postspareinlage pro Kopf der Bevölkerung. Für 1961 ergab sich der erwartete Zusammenhang mit einem Bestimmtheitsmaß von 0,83: Je höher das NSP pro Kopf, umso höher ist die Postspareinlage pro Kopf. Der Wert für das Bestimmtheitsmaß verringert sich 1976 auf einen immer noch guten Wert von 0,55.

Was den kausalen Zusammenhang zwischen NSP pro Kopf und Postspareinlage pro Kopf betrifft, so gilt im Grunde das, was bereits oben über die Einlagen bei Geschäftsbanken gesagt wurde (vgl. Abschnitt 4.4.2). Wenn man das Steigungsmaß der Regressionsfunktionen betrachtet, ist bei den Postspareinlagen kaum eine Änderung zwischen 1961 und 1976 festzustellen. Bei der analogen Betrachtung von NSP pro Kopf und Einlage pro Kopf bei den Geschäftsbanken verdoppelte sich hingegen das Steigungsmaß von 1961 zu 1976. Dies bedeutet: In den reicheren Regionen wurden 1976 absolut und relativ mehr Einlagen gebildet als 1961. Da dieser Effekt bei den Poststellen nicht zu beobachten ist, kann nur vermutet werden, daß die Postsparkonten, unabhängig vom durchschnittlichen Wohlstandsniveau in Indien (das sich zwischen 1961 und 1976 erhöht hat) und einer möglichen Erhöhung der Grenzsparquote, in den entwickelteren Regionen nur für eine Art „Basissparen" benutzt werden und ab einer bestimmten Einlagenhöhe zu anderen Geldanlagemöglichkeiten (z. B. bei den Geschäftsbanken) übergegangenen wird.

Die ermittelten Ergebnisse erlauben folgende Schlüsse: Gerade für Entwicklungsländer kann die Post, besonders in den weniger entwickelten Gebieten, Funktionen übernehmen, die eigentlich einem ausgebauten Bankensystem zuzuordnen wären. Die Post kann insofern eine wichtige Aufgabe bei der Monetisierung leisten, indem sie die Bevölkerung im Rahmen ihrer sonstigen Aufgaben allmählich auf eine voll ausgebaute finanzielle Infrastruktur mit einem modernen Geld- und Bankwesen vorbereitet, weil bei dieser Institution die Akzeptanzschwelle durch die sonstigen Postdienste niedriger sein dürfte. Über Sparbücher und Postscheckkonten kann man sicherlich den Weg bereiten, um auch in den subsistenzwirtschaftlichen Gebieten allmählich die Vorzüge des offiziellen Geld- und Kreditwesens bekanntzumachen. Das Datenmaterial gab leider keine Auskunft über die regionale Verwendung der Einlagen, etwa für eigene Investitionsvorhaben der Post oder größere Kredite an Staat und Unternehmen. Darum konnten keine Kredit-Einlage-Quotienten gebildet und, analog zu den Geschäftsbanken (vgl. Abschnitt 4.4.3 und 4.4.4), keine expansiven und kontraktiven räumlichen Effekte errechnet werden. Obwohl eine solche Analyse räumlicher Effekte mangels Daten nicht möglich war, lassen sich abschließend wenigstens einige allgemeine Bemerkungen über den raumwirksamen Bezug der Poststellen anfügen.

Es ist sicher nicht die primäre Aufgabe der Post, über das Poststellennetz auch Kredite an Bauern, Handwerker und kleine Betriebe zu geben (die größeren Kreditnehmer haben ohnehin Zugang zu dem Filialnetz der Geschäftsbanken). Aber es ist sicher sinnvoll, diese Frage in Entwicklungsländern zu erörtern. Und es ist durchaus denkbar, daß die einzelnen Poststellen nicht nur zu „Saugnäpfen" für die Einlagen im ländlichen Raum werden, sondern zugleich auch der Kreditvergabe dienen könnten. Dies muß besonders auch vor dem Hintergrund des jeweils vorhandenen Zweigstellennetzes der Geschäftsbanken und des konkreten Poststellennetzes geprüft werden. Denn diese zusätzliche Aufgabe brächte die Post in eine völlig neue Situation, die andere Anforderungen an die qualitative und quantitative Ausstattung der Poststellen in materieller und personeller Hinsicht stellt. Stellt man auch die Post in den Dienst einer aktiven Entwicklungspolitik, so sollte sie dennoch diese Aufgaben übernehmen, wenigstens so lange, wie in den einzelnen Regionen keine geeigneten Institutionen existieren, die Kredite vergeben. Ob über eigene Investitionen oder indirekt über die Vergabe von Krediten, die Post sollte sich auf jeden Fall bei der Verwendung der Einlagen im Sinne einer auf Ausgleich ausgerichteten landesweiten Regionalpolitik verhalten und nicht dort überproportional in ihre Infrastruktureinrichtungen investieren oder Kredite vergeben, wo die wirtschaftliche Entwicklung ohnehin schon fortgeschritten ist.

4.6 Räumliche Effekte durch Entwicklungshilfedarlehen

Räumliche Effekte durch Entwicklungshilfedarlehen sollen am Beispiel der deutschen Kreditanstalt für Wiederaufbau (KfW) aufgezeigt werden. Die KfW hat zwischen 1977 und 1981 Anlagegüterdarlehen von zusammen etwas mehr als 210 Mio. DM an Indien gegeben. Die Verwendung der Darlehen erfolgte durch die Zentralregierung, wobei bei Projekten über eine Mio. DM die Zustimmung der KfW einzuholen war. Auflagen hinsichtlich der regionalen Verteilung gab es nicht.

Auf der Basis der regional gegliederten Anlagegüterdarlehen wurden die Darlehensbeträge pro 1.000 Einwohner errechnet und mit dem NSP pro Kopf in Bezug gesetzt (vgl. Tabelle 10). Die durchgeführte Querschnittsanalyse (vgl. Abbildung 17) ergab eine Regressionsbeziehung höchster Güte. Das Bestimmtheitsmaß betrug 0,76 bzw. 0,95 (wenn man die Nord- und Nordostregion unberücksichtigt läßt) bei einer Irrtumswahrscheinlichkeit von 0,01 und einem dazugehörigen kritischen Wert von 0,47 (vgl. auch Anmerkungen zu Tabelle 4 und 5). Dieses außerordentlich klare Ergebnis – die Stichprobenwerte liegen alle innerhalb einer engen Bandbreite um die Regressionsfunktion – könnte fast zu der Vermutung Anlaß geben, die Darlehensvergabe würde auf der Basis des NSP pro Kopf erfolgen: Je höher dieser Indikator für Wohlstand und wirtschaftliche Entwicklung, um so höher ist der Darlehensbetrag pro Kopf und damit das gesamte Volumen der Anlagegüterdarlehen in jeder Region.

Es ist zu vermuten, daß die damit verbundene, die entwickelteren Regionen durch eine kreditfinanzierte Sachkapitalbildung begünstigende, räumliche Verteilung dieser Entwicklungshilfedarlehen durch die indische Zentralregierung nicht den entwicklungspolitischen Zielen des Geberlandes Bundesrepublik Deutschland entsprach, das kaum an einer Vergrößerung des Wohlstandsgefälles innerhalb der Entwicklungsländer interessiert sein dürfte. Dennoch ist anzunehmen, daß sich die deutschen Stellen der ungleichen räumlichen Aufteilung der Anlagegüterdarlehen bewußt gewesen sind, auch wenn darüber nichts in den Berichten der KfW steht.

Im Grunde ist es eine politische Frage, was man mit Entwicklungshilfe erreichen will. Geht es vorwiegend um die Verbesserung der Lebensverhältnisse in den ärmsten Regionen, wäre es geboten, durch entsprechende Vereinbarungen bzw. Auflagen für eine, die ärmeren Gebiete bevorzugende, räumliche Verteilung zu sorgen. Dies soll nicht heißen, daß die Verteilung innerhalb der ärmeren Gliedstaaten und ihrer Distrikte nach dem Gießkannenprinzip zu geschehen hätte. Innerhalb ärmerer Regionen sollten durchaus entwicklungsfähige Schwerpunkte auf- und ausgebaut werden, die sicher positive Rückwirkungseffekte auf die wirtschaftliche Entwicklung der umliegenden Gebiete haben (Entwicklungspolkonzept). Einer derartigen entwicklungspolitischen Zielsetzung steht entgegen, daß sich gerade die entwickelteren Gliedstaaten von der Größe der Bundesrepublik mit relativ hohem NSP pro Kopf den „Löwenanteil" an Entwicklungshilfe sichern. Geht

Tabelle 10: Anlagegüterdarlehen der Kreditanstalt für Wiederaufbau an Indien von 1977 bis 1981

Gliedstaaten	A	B	C	D
1 Haryana	3.861.000	11,2	345	471
2 Himachal Pradesh	285.000	3,7	77	361
3 Jammu & Kashmir	-	5,1	-	329
4 Punjab	5.375.000	15,0	358	551
5 Rajastan	8.707.000	29,0	300	311
6 Assam	4.007.000	17,0	236	374
7 Bihar	5.285.000	61,8	86	214
8 Orissa	3.867.000	24,4	158	288
9 West Bengal	20.834.000	49,8	418	384
10 Madhya Pradesh	2.532.000	47,2	54	281
11 Uttar Pradesh	10.169.000	96,2	106	270
12 Gujarat	11.558.000	30,3	381	395
13 Maharashtra	66.290.000	56,3	1177	478
14 Andhra Pradesh	12.392.000	47,9	259	330
15 Karnataka	24.214.000	32,4	747	407
16 Kerala	2.456.000	24,0	102	297
17 Tamil Nadu[1]	14.845.000	45,4	327	358
18 Delhi	11.614.000	5,1	2277	799
Summe	208.291.000	601,8	346	-
Sonstige (Goa)	1.872.000	7,7	243	-
INDIEN	210.163.000	609,5	345	363

A Summe der Anlagegüterdarlehen von 1977 bis 1981 in DM

B Bevölkerung in Mio. 1976

C Darlehen in DM auf 1000 Einwohner

D NSP zu Faktorkosten pro Kopf in Rs. zu Preisen von 1960/61

Quellen: Aktenstudium bei der Kreditanstalt für Wiederaufbau Frankfurt, Statistisches Bundesamt, Länderkurzbericht Indien, Wiesbaden 1979, S. 14, World Bank, Economic Situation and Prospects of India, Report No. 2933-IN, 1980, S. 165.

Abbildung 17: NSP pro Kopf und Anlagegüterdarlehen der Kreditanstalt für Wiederaufbau an die Gliedstaaten Indiens von 1977 bis 1981 pro 1000 Einwohner

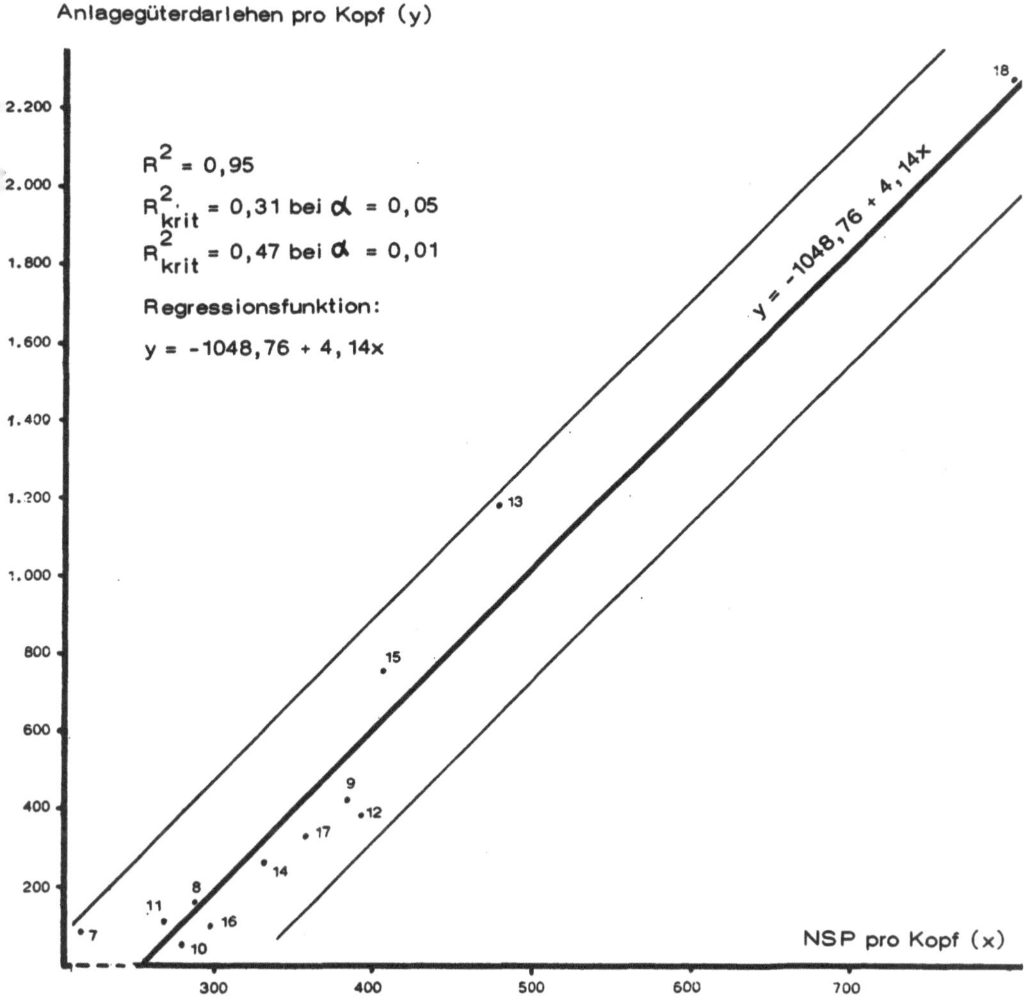

Quelle: Vgl. Tabelle 10.

es hingegen darum, das Verhältnis zur jeweiligen Zentralregierung der Entwicklungsländer zu stärken, wären derartige Auflagen eher schädlich, da sie auf eine Einschränkung des Handlungsspielraums dieser Regierungen hinauslaufen könnten. In diesem Spannungsfeld bewegt sich die Außen- und Entwicklungspolitik der Geberländer von Entwicklungshilfe. Legt man den Schwerpunkt mehr auf die Förderung ländlich-subsistenzwirtschaftlicher Räume – eine Auffassung, die hier vertreten wird –, so dürften strikte regionale Verwendungsauflagen, bei der Entwicklungshilfe im allgemeinen und der Darlehensvergabe im besonderen, unausweichlich sein.

Häufiger wird argumentiert, Anlagegüterdarlehen seien dahin zu vergeben, wo auch geeignete Projekte möglich seien, was meist zu dem obigen Ergebnis führen würde. Dies mag in bestimmten Ländern der Dritten Welt, besonders bei kleineren, durchaus richtig sein. Wenn man jedoch große Entwicklungsländer, wie Indien, betrachtet, in denen die Gliedstaaten und Distrikte bereits beachtliche Ausmaße und Bevölkerungszahlen haben, wird diese Argumentation fragwürdig. Das Argument, daß in den ärmeren Gliedstaaten Indiens keine Nachfrage nach Anlagegüterdarlehen vorhanden gewesen sei, erscheint wenig stichhaltig, da es sich bei diesen Kreditvolumina um vergleichsweise bescheidene Beträge handelt. Es ist mehr als wahrscheinlich, daß in den hier untersuchten Fällen die räumliche Verteilung nach politischen Kriterien erfolgte, und offensichtlich haben die wirtschaftlich stärkeren Gliedstaaten Indiens auch ein größeres Gewicht in der Zentralregierung. Dies führte dazu, daß die Verteilung der Entwicklungshilfedarlehen nicht nach regional- und entwicklungspolitisch gebotenen Erfordernissen erfolgte.

4.7 Zusammenfassung

Die Analysen zur finanziellen Infrastruktur mit den in den einzelnen Abschnitten enthaltenen ausführlicheren kausalen Deutungen und Interpretationen führten zu folgenden wichtigen Ergebnissen:

1. Der „wirtschaftliche Dualismus“ in Entwicklungsländern findet u. a. seinen Ausdruck in regionalen Wohlstandsgefällen. Wie in Pakistan, so gilt beispielsweise auch für Indien, daß sich der Abstand zwischen „reichen“ und „armen“ Regionen im Zeitablauf absolut und relativ vergrößert hat. Analog dem „Nord-Süd-Gefälle“ zwischen Industrienationen und Ländern der Dritten Welt kann auch innerhalb der einzelnen Entwicklungsländer von einem „Wohlstandsgefälle“ gesprochen werden, das sich zudem bei einigen Staaten ständig vergrößert und leicht zu einem innenpo-

litischen „Sprengsatz" ausarten kann, wie einige Beispiele zeigen (z. B. West- und Ostpakistan oder Assam und Punjab innerhalb Indiens).

2. Dieser „Dualismus" spiegelt sich auch in der finanziellen Infrastruktur, die man in einen offiziellen und inoffiziellen Bereich unterteilen kann. Der offizielle (moderne) Teil ist hauptsächlich in den Zentren und entwickelteren Gebieten gut ausgebaut, während der inoffizielle (traditionelle) Bereich vor allem in den ländlich-subsistenzwirtschaftlichen Regionen anzutreffen ist.

3. Theoretische Überlegungen und empirische Untersuchungen zeigen, daß auch die offizielle finanzielle Infrastruktur ein wichtiger Wachstumsfaktor darstellt, von dessen Niveau die wirtschaftliche Entwicklung und damit der Wohlstand in den einzelnen Regionen, wie im gesamten Entwicklungsland, mit bestimmt werden.

4. Die empirischen Analysen in dieser Arbeit bezogen sich hauptsächlich auf die regionale Verteilung von Bankstellen, Krediten und Einlagen. Was die Bankstellendichte betrifft, hat sich gezeigt, daß auch hier der Abstand zwischen „reichen" (entwickelteren) und „armen" (subsistenzwirtschaftlichen) Regionen größer wird, weil der Ausbau des Filialnetzes in den ländlich-subsistenzwirtschaftlichen Gebieten nur zögernd vorankommt. Unabhängig vom Ausbau der offiziellen finanziellen Infrastruktur läßt sich ein „Transfer" des Kreditpotentials aus den subsistenzwirtschaftlichen Gebieten in die entwickelteren Räume feststellen. Aus Rentabilitäts- und Sicherheitsgründen sind Zentren und Gebiete mit einem Entwicklungsvorsprung für Bankstellen und Kredite eben attraktiver, wodurch deren vergleichsweise günstige Position weiter verbessert wird, während die „armen" Regionen dabei vernachlässigt werden.

5. Über die Bildung von „Kredit-Einlage-Quotienten" konnten „expansive" und „kontraktive" räumliche Effekte des Geld- und Kreditwesens quantifiziert werden, welche bemerkenswerte Volumina aufwiesen. Damit wurde gezeigt, daß die „armen" Regionen nicht nur auf ihrem niedrigen Niveau verharren, sondern einen Teil ihres Entwicklungspotentials an die „reichen" Gebiete abgeben.

6. Das skizzierte Bild wurde durch eine Betrachtung der Poststellen Indiens abgerundet. Schließlich brachte auch eine Untersuchung der Kreditvergabepraxis bei Entwicklungshilfedarlehen das inzwischen erwartete Ergebnis: Selbst bei diesen Darlehen, wo Rentabilität und Sicherheit nicht mehr im Vordergrund stehen sollten, konnten sich die entwickelteren Gliedstaaten Indiens den „Löwenanteil" sichern.

7. Insgesamt läßt sich festhalten: Die entwickelteren Gliedstaaten Indiens verfügen (pro Kopf) im Bereich der finanziellen Infrastruktur über mehr Entwicklungsfaktoren (Bankstellen, Einlagen, Kredite, Entwicklungshilfedarlehen) als die subsistenzwirtschaftlichen Regionen. Außerdem verbessern sich diese Faktoren in den „reichen" Gebieten laufend. Dabei bewirkt deren stärkere Wirtschaftskraft, daß zudem (aus den „ärmeren" Regionen) Entwicklungspotentiale aufgenommen werden („expansive räumliche Effekte"). Umgekehrt verbleibt die finanzielle Infrastruktur in den „ärmeren" Regionen auf einem niedrigen Niveau, das nur langsam ansteigt. Darüber hinaus geben diese Gebiete einen Teil ihres ohnehin recht geringen Entwicklungspotentials (zugunsten der „reicheren" Regionen) ab („kontraktive räumliche Effekte"). Die entwickelteren und weniger entwickelten Gliedstaaten Indiens befinden sich offenbar in einem „circulus vitiosus" mit umgekehrtem Vorzeichen. Was die „reichen" Regionen begünstigt, ist für die anderen ein „Teufelskreis der Armut".

IV. Inoffizielle finanzielle Infrastruktur

Neben dem offiziellen Teil der finanziellen Infrastruktur, der bisher behandelt wurde, gibt es in den Entwicklungsländern fast immer inoffizielle Ausprägungen, die auf die Zeit vor Einführung des modernen Geldwesens zurückgehen. Da diese sich dem Einfluß durch die Regierung oder Notenbank entziehen, ist auch die Bezeichnung „unkontrolliert" gebräuchlich. Weitere Begriffspaare hierzu sind „informal"/„formal", „traditionell"/„modern", oder „organisiert"/„unorganisiert". Im inoffiziellen Teil der finanziellen Infrastruktur findet man Geldverleiher, Finanzmakler, Pfandleiher, Händler, Kaufleute, Freunde, Verwandte, Gutsherren usw., die außerhalb des offiziellen Bereichs Kredite geben und manchmal auch Einlagen entgegennehmen. Auch sie sind Verbindungskanäle zwischen Sparern und Investoren bzw. Konsumenten. Genau genommen könnte man auch Formen der Selbstfinanzierung im ländlichen handwerklichen und bäuerlichen Bereich zu diesem inoffiziellen Sektor zählen, wobei Sparer und Investor hier identisch sind und dabei besonders das Problem des zeitweisen unproduktiven Hortens von Geld bzw. Geldsurrogaten auftritt.

Das Volumen dieser inoffiziellen Märkte ist zuweilen recht beträchtlich. Zwischen 1963 und 1969 lag das Kreditvolumen der inoffiziellen finanziellen Infrastruktur in Südkorea schätzungsweise bei 80 % des gesamten Geldvolumens. Diese Schätzung wurde 1972 durch Ermittlungen der koreanischen Regierung bestätigt, die einen Umfang von einem Drittel der gesamten innerkoreanischen Bankkredite in diesem Bereich feststellte, was ebenfalls 80 % der damaligen Geldmenge entsprach.[39]

Die inoffizielle finanzielle Infrastruktur trägt natürlich auch zur fremdfinanzierten Kapitalbildung bei und kann damit auch Wachstum und Wohlstand fördern, wobei sie meist in Gebieten vorhanden ist oder Personenkreise anspricht, die von den modernen Kreditinstituten nicht erfaßt werden. Dabei darf der Begriff „Monetisierung" keineswegs mit der Überführung des inoffiziellen Teils der finanziellen Infrastruktur in den offiziellen gleichgesetzt werden. Monetisierung bedeutet Einführung von Geld mit all seinen Funktionen, und das kann ohne weiteres auch durch traditionelle Elemente des Geld- und Kreditwesens geleistet werden. Allerdings kann es im inoffiziellen Bereich zu Erscheinungen kommen, die den allgemeinen wirtschafts- und entwicklungspolitischen Zielsetzungen widersprechen. So kommt es beispielsweise zu der schon erwähnten unproduktiven Hortung von Geld und Sachgütern, die Ersparnisse werden nur in geringem Umfang mobilisiert, es fehlt die Transparenz, und die Kredite führen nicht immer zur effizientesten Verwendung. Man kann häufig auch nicht von Geld- und Kredit-„Märkten" sprechen, weil viele Geldverleiher Monopolstellungen besitzen. Ebensowenig gibt es bargeldlose Systeme im Zahlungsverkehr. Insbesondere aber ist eine Förderung der wirtschaftspolitischen Ziele über die Geldpolitik in diesen Bereichen kaum möglich, weil eben die währungspolitischen Instrumente den inoffiziellen Teil nicht oder nur am Rande erreichen.

Läßt das vorhandene und beschaffbare Material über den offiziellen Bereich in Entwicklungsländern schon zu wünschen übrig, so liegt es in der Natur der Sache, daß man über den inoffiziellen Teil noch weniger Informationen erhalten kann. Die jeweiligen Ausprägungen in verschiedenen Ländern hängen zudem von den unterschiedlichsten geschichtlichen Entwicklungen sowie den heutigen Rahmenbedingungen ab und sind deshalb in jedem Land mehr oder weniger verschieden. Dadurch ist auch kaum eine genauere Beschreibung möglich. Bei *Ghatak* werden folgende, recht allgemein gehaltene Merkmale der inoffiziellen finanziellen Infrastruktur aufgezählt:[40]

1. Flexibilität bei der Kreditvergabe,
2. persönlicher Umgang mit den Kreditnehmern,

---

[39] Vgl. *Kim*, K.-S., Möglichkeiten der Zentralbankpolitik in Entwicklungsländern, dargestellt am Beispiel der Republik Korea, Berlin 1980 (Dissertation), S. 57 ff. und *Frobenius*, S., Der Kapitalmarkt kann nicht länger nach eigenen Spielregeln arbeiten, in: Handelsblatt v. 4. 6. 1980, S. 21.

[40] Vgl. *Ghatak*, S., Monetary Economics in Developing Countries, London/Basingstoke 1981, S. 6.

3. einfache Kontenführung,
4. Verbindung des Geldgeschäfts mit anderen ökonomischen Aktivitäten,
5. formloser Geschäftsverkehr mit den Kunden,
6. äußerste Diskretion (die Konten sind kaum einer offiziellen Kontrolle zugänglich).

Wegen der weiter oben kurz aufgezählten Mängel fordern fast alle Autoren die Austrocknung und/oder Überführung des inoffiziellen Teils der finanziellen Infrastruktur in den offiziellen Bereich.[41] Eine Würdigung dieser Forderung fällt schwer, da eine genaue Beschreibung der inoffiziellen finanziellen Infrastruktur für alle Entwicklungsländer kaum möglich und dementsprechend auch eine allgemeine Darstellung der Instrumente zur Überführung des inoffiziellen in den offiziellen Teil schwierig ist. Grundlegender ist jedoch zunächst die Frage, ob die genannte Forderung überhaupt sinnvoll ist.

Durch die Zurückdrängung des inoffiziellen Teils würden zwar die oben aufgezählten unerwünschten Erscheinungen abnehmen, aber gleichzeitig sind andere negative Wirkungen denkbar, die zumindest zusätzlich flankierende Maßnahmen erforderlich machen. So könnten z. B. Verbote und strenge Strafen den inoffiziellen Teil wahrscheinlich zurückdrängen. Solange aber nicht gleichzeitig günstigere Alternativen angeboten werden (Aufbau von Zweigstellen der Geschäftsbanken, Abbau von Vorurteilen gegenüber den offiziellen Instituten, günstigere Kredit- und Sparzinsen usw.), bleiben Verbote, Strafen etc. entwicklungspolitisch wirkungslos. Denn sie würden ein „traditionell" funktionierendes Geld- und Kreditwesen bekämpfen, ohne den dahinter stehenden ökonomischen Erfordernissen eine Alternative anzubieten. Aber selbst wenn die Austrocknung des inoffiziellen Teils allmählich durch den Aufbau einer offiziellen finanziellen Infrastruktur ohne Zwang erfolgt, können unerwünschte Effekte eintreten, wenn man nur an die oben für Indien nachgewiesenen Abflüsse von Kreditpotential aus den ärmeren in die reicheren Regionen denkt. Denn normalerweise sind die inoffiziellen Kreditmärkte gerade in den allerärmsten ländlichen Regionen in gewichtigem Umfang vorhanden. Da ein großräumiger Transfer von Krediten über die lokalen Geldverleiher kaum zu erwarten ist, tragen diese zumindest dazu bei, daß die Ersparnisse aus der Region zu Krediten in der gleichen Region werden. Meist dürfte es sich sogar um kleinste Regionen handeln, wie sie Dörfer mit ihrer nächsten Umgebung darstellen. Damit werden ein umfangreicher Abfluß und großräumige negative räumliche Effekte verhindert. Eine Überführung in den offiziellen Teil, etwa durch Übernahme sämtlicher

[41] Vgl. ebenda, S. 7.

Geschäfte mit Einlagen und Krediten durch Geschäftsbanken, würde dagegen wahrscheinlich die für Indien nachgewiesene negative Wirkung für die ärmsten Regionen haben. Mit anderen Worten, mit dem Auf- und Ausbau einer offiziellen finanziellen Infrastruktur müßte gleichzeitig gewährleistet sein, daß Mittelabflüsse aus den subsistenzwirtschaftlichen Regionen in die Zentren verhindert werden.

Im folgenden soll exemplarisch auf die inoffizielle finanzielle Infrastruktur Indiens etwas näher eingegangen werden. Man nennt den inoffiziellen Teil in Indien den „traditionellen" Sektor, da er bis auf 2.000 v. Chr. zurückgeht. Die zweifellos interessante geschichtliche Entwicklung soll hier nicht behandelt werden,[42] sondern vielmehr die aktuelle Situation im heutigen Indien.

In *Indien* gab es 1979 etwas mehr als 30.000 Bankstellen der „Scheduled Commercial Banks".[43] Bei etwa 640 Mio. Einwohnern (vgl. Tabelle 1) entsprach dies einer Relation von rund 21.000 Einwohnern pro Geschäftsstelle. Zum Vergleich: In der Bundesrepublik Deutschland gab es zum gleichen Zeitpunkt ca. 44.000 Bankstellen bei rund 61 Mio. Einwohnern. Dies sind 1.400 Einwohner pro Bankstelle.[44] Noch deutlicher wird das Bild, wenn man feststellt, daß 1979 fast 500 Mio. in Landgemeinden wohnten und es etwa 600.000 Dörfer in Indien gibt.[45] Danach sind offenbar 95 % der Dörfer ohne Bankstelle. Zwar gibt es an bedeutenden „Brückenköpfen" der finanziellen Infrastruktur noch etwa rund 28.000 Poststellen,[46] doch dürften diese meist in den gleichen Städten und größeren Gemeinden liegen wie die Bankstellen, so daß sich das Bild durch sie nicht wesentlich ändert. Aber ungeachtet dessen wird daran schon ein erhebliches Defizit deutlich. Und dies, obwohl in den vergangenen Jahren große Anstrengungen zum Ausbau des Filialnetzes unternommen wurden. Schon von dieser Situation her wäre es sehr problematisch, den traditionellen Sektor, etwa durch Verbote, beseitigen zu wollen. Denn selbst wenn diese Verbote tatsächlich die Aktivitäten des traditionellen Sektors beenden würden, was nicht zu erwarten ist, könnten derzeit die offiziellen Institute noch keine ausreichenden Alternativen anbieten.

Den traditionellen Teil der finanziellen Infrastruktur Indiens beherrschen die Geldverleiher, die sog. „Indigenous Bankers". Man schätzt ihre Zahl auf

---

42 Vgl. hierzu *Mandapathil,* S. 75 ff.

43 Vgl. Reserve Bank of India, Statistical Tables relating to Banks in India, Bombay 1979, S. 53. Wie schon erwähnt, sind die Non-Scheduled-Banks heute zahlenmäßig und vom Geschäftsvolumen her gesehen praktisch bedeutungslos.

44 Vgl. *Stobbe,* A., Volkswirtschaftslehre I, Berlin u. a. 1980, S. 198.

45 Vgl. Statistisches Bundesamt, Länderkurzbericht Indien, Wiesbaden 1979, S. 15.

46 Vgl. Reserve Bank of India, S. 63.

über 30.000. Doch können es wegen der Dunkelziffer in diesem Bereich auch erheblich mehr sein. Ihre Geschäftstätigkeit erstreckt sich vornehmlich auf den Agrarsektor Indiens. Ihr Anteil an der Agrarfinanzierung von schätzungsweise 70 % im Jahre 1951/52 ist aber auf ca. 37 % im Jahre 1971/72 zurückgegangen.[47] Dies ist vor allem auf den Ausbau von Genossenschaftsbanken zurückzuführen.

Es ist außerordentlich schwer, die Verschuldung der überwiegend in großer Armut lebenden ländlichen Bevölkerung bei den Indigenous Bankers richtig zu beurteilen. Da die Agrarbevölkerung meist keine Sicherheiten leisten kann, ist das Kreditgeschäft mit ihnen risikoreich, und dementsprechend gibt es hohe Kreditzinsen. Bei schlechten Ernten ist eine Zahlung der Zinsen häufig nicht möglich, geschweige denn eine Tilgung. Dies hat dazu geführt, daß der Schuldenberg wächst und teilweise von Generation zu Generation übertragen wird. Daran hat auch der Erlaß aller nicht dokumentierten und ererbten Schulden in den Jahren 1975 bis 1977 wenig geändert, da die Landbevölkerung die traditionellen Ordnungen achtet, indem solche Verpflichtungen als eine Art „Ehrenschuld" betrachtet werden, für die man ungeachtet der gesetzlichen Verpflichtung geradesteht.

Bei *Mandapathil* findet man einige Merkmale des traditionellen Sektors der finanziellen Infrastruktur Indiens, die im folgenden kurz zusammengefaßt sind:[48]

1. Die Indigenous Bankers betreiben die Kreditvergabe hauptsächlich auf der Basis eigener Ersparnisse. Einlagen werden kaum entgegengenommen.

2. Die meisten Indigenous Bankers betreiben das Kreditgeschäft i. d. R. neben anderen Tätigkeiten. Hauptberuflich sind sie beispielsweise Händler oder haben selbst handwerkliche oder landwirtschaftliche Betriebe. Mit der Kreditvergabe versuchen sie ihre liquiden Mittel gewinnbringend anzulegen.

3. Die Kredite werden bar ausgezahlt, Zinszahlungen und Tilgungen erfolgen ebenfalls bar. Abgewickelt werden Auszahlungen auch in Naturalien (z. B. Saatgut), ebenso Rückzahlungen (z. B. Teile der Ernte). Moderne Zahlungsmittel (Überweisungen, Schecks u. ä.) kommen nicht vor.

4. Die Indigenous Bankers gibt es hauptsächlich in den ländlich-subsistenzwirtschaftlichen Regionen. Kredite zur Agrarfinanzierung, aber auch für

[47] Die Geldverleiher haben in den verschiedenen Regionen unterschiedlichste Namen, in: Bombay „Schroffs", in Uttar Pradesh „Kathiris", in Tamil Nadu, dem früheren Madras, „Chettys" usw. Vgl. *Mandapathil*, S. 80 ff.

[48] Vgl. ebenda, S. 84 f.

konsumtive Zwecke (z. B. Familienfeste), haben in den letzten dreißig Jahren stark an Bedeutung verloren.

5. Die Indigenous Bankers gehören häufig zu den höheren Kasten.
6. Organisationsformen und Arbeitsmethoden entsprechen den Traditionen und sind, gemessen am modernen Sektor der finanziellen Infrastruktur, veraltet. Die Abwicklung der Geschäfte erfolgt normalerweise formlos. Eine besondere Form von Zahlungsversprechen sind die sog. „Hundis", auf die unten näher eingegangen wird.
7. Die Indigenous Bankers werden vom Gesetzgeber nicht als Banken anerkannt und verhalten sich ihrerseits auch nicht nach den Bestimmungen der Bankgesetze Indiens.

Wie schon erwähnt, ist der wichtigste Zweig der Indigenous Bankers die Kreditvergabe, das Aktivgeschäft. Das Passivgeschäft spielt kaum eine Rolle. Da es selten materielle Sicherheiten gibt, ist die persönliche Sicherheit sehr wichtig. Die Zinssätze können sehr unterschiedlich sein. Bei risikoreicheren Krediten können Sätze von 60 bis 100 % p. a. vorkommen.[49] Die Laufzeiten liegen meist zwischen drei und sechs Monaten, da mit diesen Krediten oft nur die Ernte finanziert wird.[50]

Von den schriftlich fixierten Krediten im traditionellen Sektor sind die sog. „Hundis" erwähnenswert. Es handelt sich dabei um dokumentierte Zahlungsversprechen, die nach einer bestimmten Zeit (nach 11, 21, 31, 41 Tagen, usw., bis zu 361 Tagen) bei Vorlage fällig werden. Sie sind deshalb mit Wechseln zu vergleichen, wenngleich sie nicht dem indischen Wechselgesetz unterliegen. Dies kommt auch dadurch zum Ausdruck, daß Hundis in verschiedenen Regionen unterschiedliche Bestandteile aufweisen. Die „Bazar Rate" entspricht dem Diskont und wird bei der Refinanzierung der Indigenous Bankers durch Weitergabe an einen Dritten erhoben. Die Bazar Rate ist saisonabhängig und auch von Gebiet zu Gebiet verschieden.[51] Die regionalen Differenzen sind ein deutlicher Hinweis für den geringen Informationsfluß und die Unbeweglichkeit der Indigenous Bankers, die bei genügender Transparenz und Mobilität mit den Differenzen ein Geschäft machen könnten, wodurch diese Unterschiede verschwinden würden. Wie schon erwähnt, kann darin aber auch ein Vorteil gesehen werden, weil diese Starrheit eine Kreditkonzentration in Regionen verhindert, die hohe Raten zu tragen in der Lage sind. Dies könnten die etwas leistungsfähigeren Gebiete sein,

---

49 Vgl. *Subramanyam*, G., Money, Banking, International Trade and Public Finance, 3. Aufl., Sri Balaji Publishing Company, Cuttapah/Madras 1973, S. 272.

50 Vgl. *Mandapathil*, S. 86 f.

51 ebenda, S. 88 f.

also Regionen mit günstigerer wirtschaftlicher Entwicklung, was aber nicht immer bessere Standorte für neue Investitionen sein müssen. Für die Zinsdifferenzen muß auch nicht immer die unterschiedliche Leistungsfähigkeit Ursache sein. Bei der geringen Transparenz können diese Differenzen auch das Ergebnis von stärkeren bzw. schwächeren Monopolstellungen der Geldverleiher sein.

Berücksichtigt man diese Aspekte und bezieht nur die oben aufgeführten und recht allgemein gehaltenen sechs Merkmale der inoffiziellen finanziellen Infrastruktur mit ein, die sich eigentlich recht positiv anhören (flexible, unbürokratische, diskrete und persönliche Bankdienstleistung), so könnte man geneigt sein, der Forderung nach Austrocknung des inoffiziellen Teils bzw. Integration in den offiziellen modernen Teil völlig zu widersprechen. Diese Ansicht könnte von denen noch unterstützt werden, die sich für den Erhalt traditioneller Elemente in Entwicklungsländern und gegen ein allzu weites und allzu schnelles Vordringen moderner westlicher Systeme aussprechen.

Gleichwohl weist der inoffizielle Teil doch eine ganze Reihe von erheblichen Nachteilen auf. Was Indien betrifft, so können diese zum Teil aus den oben ebenfalls aufgeführten konreteren Merkmalen des traditionellen Sektors entnommen werden, wenn man sich deren Folgen klar macht. Auf diese Mängel wurde auch eingangs kurz abgehoben. Wie schon erwähnt, spielen Einlagen kaum eine Rolle. Durch die geringe Aufmerksamkeit, welche die Indigenous Bankers dem Passivgeschäft widmen, werden nur in geringem Maße in Geld oder Sachgütern gehortete Ersparnisse „mobilisiert“, um damit eine zusätzliche kreditfinanzierte Sachkapitalbildung zu ermöglichen. Da die Indigenous Bankers aber auch das Kreditgeschäft selbst nur neben anderen Tätigkeiten betreiben, liegen ihre Interessen mehr bei ihren Hauptgeschäften (Landwirtschaft, Handel oder Handwerk). Damit kann es jedoch leicht zu Zielkonflikten kommen, bei denen die Interessen am Kreditgeschäft zurücktreten müssen. So achten die Kreditnehmer beispielsweise nicht unbedingt auf die vom entwicklungspolitischen Standpunkt aus gesehen „adäquate“ Verwendung der Mittel. Ein Beispiel ist, daß statt produktiver Investitionen Konsumkredite zur Finanzierung von prestigebedingten Familienfesten gefördert werden, die dem Kreditgeber dauerhaften Einfluß auf die jeweiligen Familien verschaffen und nicht selten langfristig der Vergrößerung des eigenen landwirtschaftlichen Besitzes dienen. Solche Ziele können schnell mit den manchmal an Wucher grenzenden hohen Zinsen erreicht werden. Die Eintreibung von Zinsen und Schulden geschieht zudem nicht selten in einer Weise, die an die Methoden krimineller Geldeintreiber in den Subkulturen der Slums westlicher Großstädte erinnern. Dabei kommt es auch in Indien nicht selten zu Körperverletzungen und Totschlag. Häufig wird auch die Unerfahrenheit und Unwissenheit der ländlichen Bevölkerung von den Indigenous Bankers skrupellos ausgenutzt, um Profit zu machen. Ferner gibt es keine modernen arbeits- und zeitsparenden Organisationsformen wie den bargeldlosen Zahlungsverkehr (Schecks, Überweisungen usw.). Da die Verbindung zum offiziellen Teil fehlt und lokale Monopolstellungen die Regel sind, gibt es auch keinen funktionierenden Geld- und Kreditmarkt. Der Einfluß der allgemeinen Wirtschaftspolitik und besonders der Geldpolitik ist im von Indigenous Bankers beherrschten ländlich-subsistenzwirtschaftlichen Bereich gering oder gleich Null. Damit sind nicht zuletzt auch den Möglichkeiten der Finanzbehörden enge Grenzen gesetzt.

Obwohl diese Aufzählung keinen Anspruch auf Vollständigkeit erhebt, wird deutlich, daß dem inoffiziellen Teil der finanziellen Infrastruktur eine Alternative entgegengesetzt werden muß, die diese Nachteile nicht aufweist. Dies kann nur durch den Auf- und Ausbau der offiziellen finanziellen Infrastruktur geschehen. Dabei muß jedoch behutsam vorgegangen werden, damit keine neuen Mängel auftreten. Neben den in dieser Arbeit ausführlich beschriebenen negativen Folgen auf die wirtschaftliche Entwicklung der subsistenzwirtschaftlichen Regionen durch die offizielle finanzielle Infrastruktur, besonders durch die Geschäftsbanken, ist dabei auch an andere Effekte zu denken. So beschreibt beispielsweise *Mantilla* die „Trichterwirkung" ländlicher Kredite (hier durch die offiziellen Banken), die zu einem Nettoabfluß von Überschüssen hin zu den städtischen Zentren führt und damit zur Verarmung des Landes beiträgt.[52] Denn seiner Ansicht nach werden bei Krediten im Agrarbereich Zinsen verlangt, die oft über der kurz- und mittelfristigen Verzinsung des kreditfinanzierten Sachkapitals liegen. Überträgt man diesen Gedanken auf den inoffiziellen Sektor, so gilt diese Aussage um so mehr. Denn die Zinssätze liegen dort höher als im offiziellen Sektor. Allerdings fließen dadurch nicht netto Überschüsse an Kreditgeber, die in den entwickelten Zentren sitzen, sondern sie verbleiben in dem Einzugsgebiet des jeweiligen Indigenous Bankers, d. h. es kommt nicht zu einer regionalen Ausblutung, dafür aber zu einer Vermögensumverteilung innerhalb der Gebiete. In beiden Fällen werden die „Armen" noch ärmer. Im ersten Fall wird die gesamte ländliche Region ärmer, im letzten erfolgt ein Vermögenseffekt von „Arm" nach „Reich" innerhalb des jeweiligen Gebiets.

---

52 Vgl. *Mantilla*, J. L., Fördern Kredite die ländliche Armut? in: Entwicklung und Zusammenarbeit 1/1982, S. 22 f.

Eine mittel- oder langfristig notwendige „Austrocknung" des inoffiziellen Teils der finanziellen Infrastruktur bzw. seine Überführung in den offiziellen Sektor sollte deshalb erst nach eingehender Prüfung der landesspezifischen Situation behutsam vorgenommen werden. Dabei ist es unumgänglich, bei diesem Substitutionsprozeß neue unerwünschte Wirkungen zu vermeiden, von denen auf die negativen räumlichen Effekte in dieser Arbeit besonders hingewiesen wurde. Dies heißt, Auf- und Ausbau der offiziellen finanziellen Infrastruktur auch in den ländlich-subsistenzwirtschaftlichen Räumen, die dann in einen Verdrängungswettbewerb mit den „traditionellen" Elementen treten muß. Die Überlegenheit des offiziellen Geld- und Bankwesens muß sich dann zeigen. Der Staat sollte nur dann direkt eingreifen, wenn es etwa durch die örtliche Macht der Geldverleiher zu Zwangsmitteln gegenüber den potentiellen neuen Kunden des offiziellen Sektors kommt, die diese Konkurrenz gern verhindern würden und vielleicht einen Boykott erzwingen könnten.

D. Die Rolle der Zentralbank

Die Zentralbank mit ihren Funktionen ist ein entscheidendes Element innerhalb der finanziellen Infrastruktur. Die Deutsche Bundesbank beispielsweise hat folgende Aufgaben: Sie regelt den Geldumlauf und die Kreditversorgung der Wirtschaft mit dem Ziel, die Währung zu sichern, und sorgt für die bankmäßige Abwicklung des Zahlungsverkehrs im Inland und mit dem Ausland.[1] So oder ähnlich lassen sich auch die Obliegenheiten der Notenbanken anderer Länder beschreiben. Unter „Sicherung der Währung" kann man die Stabilisierung des inländischen Preisniveaus und der Wechselkurse verstehen. Besonders wenn es sich um ein System flexibler Wechselkurse handelt, wird dieses Ziel allgemein dahingehend ausgelegt, daß vor allem der Binnenwert der Währung gemeint ist. In diesem Hauptziel, Sicherung der Preisstabilität, stimmen die meisten Zentralbanken überein.

Auf eine Erörterung des Handlungsspielraums von Notenbanken, des währungspolitischen Instrumentariums oder der Geld- und Währungspolitik im allgemeinen mit ihren verschiedenen Konzepten und landesspezifischen Besonderheiten kann hier verzichtet werden. Dazu existiert eine umfangreiche Literatur.[2] Dagegen ist es unumgänglich, auf die „Sicherung der Preisstabilität" einzugehen, da dessen Notwendigkeit für Entwicklungsländer häufig in Frage gestellt wird. Danach werden einige Aufgaben erörtert, die einen engen Bezug zu den bisherigen Analysen haben und in Entwicklungsländern von großer Bedeutung sein können. Bei deren Erfüllung könnte die Zentralbank eine entscheidende Rolle spielen. Gemeint sind Maßnahmen zum Auf- und Ausbau der finanziellen Infrastruktur und Beiträge zur Mobilisierung von Ersparnissen. Diese Aufgaben werden unter der Bezeichnung „Förderungsfunktion der Zentralbank" zusammengefaßt. Dabei geht es auch um Maßnahmen, die der strukturellen und räumlichen wirtschaftlichen Entwicklung mit dem Ziel einer landesweit ausgeglichenen Wirt-

---

1 Vgl. § 3 Bundesbankgesetz.

2 Vgl. etwa *Duwendag*, D. (Hrsg.), Macht und Ohnmacht der Bundesbank, Frankfurt 1973, *Caesar*, R., Der Handlungsspielraum von Notenbanken, Baden-Baden 1981, *Coats*, W. L. / *Khatkhate*, D. R. (Hrsg.), *Ehrlicher*, W. / *Simmert*, D. B. (Hrsg.), Geld- und Währungspolitik in der Bundesrepublik Deutschland, Berlin 1982, *Ehrlicher*, W. / *Oberhauser*, A. (Hrsg.), Probleme der Geldmengensteuerung, Berlin 1978 u.v.a.m.

schaftsstruktur dienen. Schließlich wird beispielhaft die „Reserve Bank of India" vorgestellt.

I. Sicherung der Preisstabilität

Es werden immer wieder Argumente vorgebracht, die hohe Inflationsraten als unabwendbare Folgen der Unterentwicklung bzw. gar die Inflation als Voraussetzung für eine schnelle wirtschaftliche Entwicklung der Entwicklungsländer ansehen. Deshalb erscheint es notwendig, auf diese Einwände einzugehen.

Zunächst sollte man sich hierzu vergegenwärtigen, zu welch tiefgreifenden Strukturänderungen die wirtschaftliche Entwicklung führt. In den heutigen Industriestaaten entfielen im vorindustriellen Stadium etwa 80 % der Produktion auf den primären landwirtschaftlichen Sektor. Der Rest verteilte sich zu etwa gleichen Teilen auf den sekundären industriellen und den tertiären Dienstleistungsbereich. Diese Gewichte verschoben sich derart, daß im Laufe der Entwicklung der sekundäre Sektor stark zunahm, während gleichzeitig der Anteil der Landwirtschaft schrumpfte. Schließlich sank der primäre Sektor auf etwa 5 %, während der tertiäre Sektor auch zu Lasten des industriellen Bereichs stark expandierte.[3]

Will man einen schnellen Ablauf dieser Strukturänderungen, die sich in den Industrieländern in vielen Jahrzehnten vollzogen, sind geeignete Steuerungskräfte notwendig. Diese müssen um so stärker wirken, je schneller die Anpassung erfolgen soll. Wenn man nun aber feststellt, daß die Preiselastizität des Angebots in den Entwicklungsländern im Durchschnitt vergleichsweise niedrig ist, wird ein regionaler und sektoraler Strukturwandel über den Preis als dem in marktwirtschaftlich orientierten Wirtschaftsordnungen relevanten Steuerungsinstrument nur möglich, wenn es sich um deutliche Preisänderungen handelt. Demnach müßte die in Kauf zu nehmende Preissteigerungsrate relativ hoch sein, um auf diesem Weg Reaktionen bei den Anbietern zu bewirken.

In den Reigen dieser Argumente paßt auch die Forderung nach Finanzierung der für die wirtschaftliche Entwicklung so notwendigen Staatsausgaben mit Hilfe der Notenpresse, besonders derjenigen für Infrastruktureinrichtungen. Es wird die Meinung vertreten, „daß von einem bestimmten Punkt an eine Inflation der einzig praktikable Weg ist, um Verfügungsgewalt über

---

[3] Vgl. *Ehrlicher*, W., Zukunftsprobleme unserer Wirtschaft, in: Kredit und Kapital, Heft 1/1981, S. 10.

Ressourcen von den Verbrauchern zum öffentlichen Sektor zu übertragen – insbesondere in Ländern mit einem nur kleinen öffentlichen Sektor, wenigen Steuerzahlern und ineffizientem Finanzsystem". Die Inflation sei eine implizite Steuer, „die den realen Wert von nicht indexierten und nicht zinstragenden Arten von Geld vermindert".[4]

Die genannten Argumente für hohe Inflationsraten lassen sich zunächst nicht ohne weiteres von der Hand weisen. Für notwendige regionale und sektorale Anpassungsprozesse können Preissteigerungen durchaus den auslösenden, marktkonformen Impuls geben. Allerdings könnten daraus und aus anderen Gründen Verteilungskämpfe entstehen, die – je nach sozialer Eigenart des zu betrachtenden Landes –, zu weiteren Preissteigerungen durch soziale Konflikte führen und den primären Effekt noch verstärken.

Die letzte Argumentationskette zeigt aber auch schon die Gefahren, die sich aus einer solchen Inflationsmentalität ergeben können. Vertretbare Primäreffekte führen zu weiteren Wirkungen, die je nach sozioökonomischer Situation leicht in eine galoppierende Inflation mit dem wirtschaftlichen Kollaps am Ende münden können. Die Ausgangsthese geht ferner davon aus, daß der Preis das einzige Steuerungsinstrument sei, womit die notwendigen regionalen und sektoralen Anpassungen bewirkt werden können. Es gibt jedoch zahlreiche andere Möglichkeiten, auf die Angebotsstruktur Einfluß zu nehmen: Investitionsprämien, zinsgünstige Darlehen, Erschließung von geeigneten Industrieräumen mit ausgebauter öffentlicher Infrastruktur, langfristig durch Bildung und Ausbildung der Bevölkerung usw. Insofern wird zwar die Grundaussage akzeptiert. Aber es muß ihr entgegengehalten werden, daß die erforderlichen Anpassungen auch bei geringeren Preissteigerungen möglich sind, wenn durch andere Maßnahmen die Preiselastizität des Angebots erhöht wird.

Was das Argument der Staatsausgabenfinanzierung über die Notenbank betrifft, so erscheint fraglich, ob dies tatsächlich der „einzig praktikable Weg" bzw. ob diese „implizite Steuer" tatsächlich kostengünstiger für die gesamte Volkswirtschaft ist und die Allokation der Ressourcen weniger verzerrt als eine alternative Steuerart, wie behauptet wird. Ferner muß bedacht werden, daß die Zurückdrängung der privaten realen Einkommen deren Sparpotential verringert. Fraglich ist ferner, ob die auf diesem Weg erreichte Verringerung privater Kapitalbildungsmöglichkeiten bei gleichzeitiger Erhöhung der öffentlichen Kapitalbildung mehr zur wirtschaftlichen Entwicklung beiträgt. In den Fällen, in denen der Staat die Einnahmen für öffent-

---

4 *Furstenberg*, G. M. von, Zweistellige Inflationsraten: Eine kostspielige Steuer für die Dritte Welt, in: Finanzierung & Entwicklung Heft 3/1980, S. 28.

lichen Konsum verwendet, wird die allgemeine wirtschaftliche Entwicklung sicher nicht gefördert.[5] Das Zurückdrängen der privaten realen Einkommen wird auch damit gerechtfertigt, daß es bei dem geringen Einkommen, gerade im Subsistenzbereich, ohnehin zu keiner freiwilligen Ersparnis kommt. Es wurde jedoch gezeigt, daß auch bei sehr niedrigem Einkommen eine private Ersparnisbildung möglich ist.[6]

Schließlich muß man all diesen Argumenten entgegenhalten, daß sie den Zeitfaktor mit Verhaltensänderungen und einer Eigendynamik des gesamten Wirtschaftssystems mit Fern- und Rückwirkungen außer acht lassen. Sobald sich die Wirtschaftssubjekte an die hohen Inflationsraten gewöhnt und ihre Geldillusion verloren haben, werden sie sich in ihrem Verhalten anpassen und versuchen, ihren realen Besitzstand (Einkommen, Geldvermögen usw.) zu sichern. Dies macht noch höhere Inflationsraten erforderlich, um die gewünschte Wirkung in der zweiten Zeitperiode zu erzielen usw.

Aus alledem folgt, daß die Argumente für hohe Inflationsraten schnell zu Gegenargumenten werden und die Inflation eher als Entwicklungshindernis zu betrachten ist. In Ländern mit zweistelligen Inflationsraten gibt es auch bei hohem Pro-Kopf-Einkommen kaum eine private Ersparnis in Geldform,[7] womit die Finanzierung der wirtschaftlichen Entwicklung bis auf die öffentliche Kapitalbildung stark eingeschränkt ist. Durch die großen Unsicherheiten über die weitere wirtschaftliche Entwicklung mit einer möglichen Währungsreform am Ende einer ständig ansteigenden Inflationswelle wird auch kaum ausländisches Kapital zufließen und eine fremdfinanzierte wirtschaftliche Entwicklung ermöglichen. Statt dessen werden die potentiellen inländischen privaten Sparer ihr Geld in Sachwerten anlegen oder aber ins Ausland transferieren, wenn die wichtige Funktion des Geldes als Wertaufbewahrungsmittel im Inland nicht oder nur mangelhaft erfüllt wird.

Daraus ergibt sich, daß hohe Inflationsraten für den wirtschaftlichen Entwicklungsprozeß eher von Nachteil sind. Weitere Anhaltspunkte könnten nur empirische Untersuchungen liefern. *Thirwall*[8] hat in einer Querschnittsanalyse für 43 Entwicklungsländer eine „optimale Inflationsrate" von 28 % errechnet (bei den entwickelten Ländern wären es nur 6 %), wobei „optimal" diejenige Inflationsrate ist, bei der die höchste Sparquote zu beobachten ist.

---

5 Vgl. International Monetary Fund, A Manual on Government Finance Statistics, Washington 1974, S. 135.

6 Vgl. *Hesse*, H. / *Sautter*, H., S. 45 ff.

7 Vgl. *Schlesinger*, H., Geldpolitik und Kapitalmarkt, in: Der langfristige Kredit, Heft 23/1979, S. 715.

8 Vgl. *Thirwall*, A. P., Inflation and the Saving Ratio across Countries, in: The Journal of Development Studies, Vol. 10, Nr. 2/1974.

Gegen dieses statistisch durchaus signifikante Ergebnis ist vor allem einzuwenden, daß der Zeitfaktor der wirtschaftlichen Entwicklung unberücksichtigt bleibt. Wie oben schon angedeutet, mag die Anstoßwirkung einer einmaligen deutlichen Preiserhöhung auf relativ starre Produktionsstrukturen durchaus positiv sein. Fraglich erscheint jedoch, ob dieses Ergebnis auch erzielt wird, wenn die Wirtschaftssubjekte ihre Geldillusion verloren haben. Denn dann kann die Folge einer solchen Inflationspolitik sein, daß der Inflationsprozeß von einem Selbstverstärkungsmechanismus beherrscht wird, der schließlich zu einer deutlichen Abweichung der ohnehin fragwürdigen „optimalen" Inflationsrate nach oben führt. Ferner ist diese Schätzung mit einer recht hohen Irrtumswahrscheinlichkeit behaftet, und es bleiben viele Faktoren unberücksichtigt, die für die wirtschaftliche Entwicklung von großer Bedeutung sind, aber durch hohe Inflationsraten negativ beeinflußt werden.

Andere Untersuchungen haben gezeigt, daß es keinen signifikanten Zusammenhang zwischen Inflations- und Wachstumsrate gibt.[9] Daraus kann man zumindest entnehmen, daß zur wirtschaftlichen Entwicklung nicht unbedingt eine hohe Inflationsrate gehört. Einige besonders hohe Wachstumsraten kommen sogar gerade in Ländern mit niedriger Inflationsrate vor.

Zusammenfassend ergibt sich, daß die Empirie keineswegs den Schluß nahelegt, hohe Inflationsraten seien die Voraussetzung für regionale und sektorale Anpassungsprozesse, Kapitalbildung und wirtschaftliches Wachstum. Andere empirische Untersuchungen[10] und vor allem theoretische Überlegungen lassen vielmehr den Schluß zu, daß hohe Inflationsraten auch in Ländern der Dritten Welt für die wirtschaftliche Entwicklung eher schädlich als förderlich sind. „Geldwertstabilität ist keine Alternative zu wirtschaftlichem Wachstum, sondern eine ihrer wesentlichen Vorauswetzungen, sowie sich umgekehrt nicht etwas weniger Arbeitslosigkeit durch etwas mehr Inflation erkaufen läßt."[11]

---

9 Vgl. *Hesse*, H. / *Sautter*, H., S. 112.

10 Vgl. z. B. *Fischer*, B., Höchstzinspolitik, Inflation und wirtschaftliches Wachstum in Entwicklungsländern, in: Weltwirtschaftliches Archiv, Band 116, Heft 3/1980. Diese Untersuchung kommt anhand einer Querschnittsanalyse für 40 Entwicklungsländer zu dem Ergebnis, daß „eine Senkung der Inflationsrate die private inländische Investitionsquote (erhöht)". Ebenda, S. 527.

11 *Pöhl*, K. O., Rede vor dem Deutschen Sparkassentag 1983 in Frankfurt am 27. April 1983, in: Deutsche Bundesbank, Auszüge aus Presseartikeln, Frankfurt 1983/84, S. 1.

II. Förderungsfunktion der Zentralbank

Bei der Förderungsfunktion der Zentralbanken in Entwicklungsländern sollten vor allem folgende Bereiche angesprochen werden: Zunächst geht es darum, den zügigen Auf- und Ausbau des Filialnetzes der Geld- und Kreditinstitute voranzutreiben. Denn dies ist Voraussetzung für eine fortschreitende Monetisierung, für Einlagen und Kredite und damit für eine kreditfinanzierte Sachkapitalbildung im kontrollier- und lenkbaren offiziellen Teil der finanziellen Infrastruktur, womit indirekt die wirtschaftliche Entwicklung gefördert wird (Abschnitt 1). Eine zweite wichtige Aufgabe der Zentralbank ist die Förderung der Mobilisierung von Ersparnissen. Hier geht es um die Freisetzung von Ressourcen für investive Zwecke, um zusätzliche kreditfinanzierte Sachkapitalbildung (Abschnitt 2). Diese sollte mit dem Ziel der Schaffung einer sektoral und regional ausgeglichenen Wirtschaftsstruktur verbunden werden (Abschnitt 3).

1. Ausbau der finanziellen Infrastruktur

Eine voll ausgebaute finanzielle Infrastruktur sollte alle Einwohner, zumindest mit mobilen Bankschaltern, erreichen. Es wurde schon darauf hingewiesen, daß für Übergangszeiten auch die Post einfache Aktiv- und Passivgeschäfte übernehmen könnte. Personal und materielle Einrichtung könnten dann später von den Bankfilialen übernommen werden. Man kann sich leicht vorstellen, daß aus einer bereits vorhandenen Poststelle nach und nach eine Bankfiliale mit eigenen Räumlichkeiten und eigenem Personal hervorgeht (ggfs. im gleichen Gebäude), wenn das Geschäftsvolumen erst groß genug ist (vgl. auch Abschnitt C. III. 4.5).

Die privaten Geschäftsbanken sind in den Entwicklungsländern ursprünglich meistens nur zur Abwicklung der Auslandsgeschäfte und der ersten industriellen Aktivitäten aufgebaut worden. Dadurch wurden die ländlich-subsistenzwirtschaftlichen Räume vernachlässigt, weswegen die Kreditnachfrage in diesen Bereichen (Landwirtschaft, Handwerk) fast nur von inoffiziellen traditionellen Geldverleihern wahrgenommen wurde. Diese Lücken sind zu beseitigen.

Beim Ausbau des Filialnetzes in Entwicklungsländern müssen keinesfalls gleichzeitig auch die verschiedensten Spezialbanken errichtet werden. Es genügt, wenn die einzelnen Filialen mit einer einfachen Struktur von Anlage- und Kreditmöglichkeiten auftreten und für bestimmte Aufgaben (z. B. Bausparen, Versicherungen) Spezialabteilungen einrichten. Für den ländlichen

Raum erscheinen Genossenschaftsbanken besonders förderungswürdig. Diese können zugleich weitere wichtige Aufgaben übernehmen (etwa die Lieferung von Saatgut, Dünger, landwirtschaftlichen Geräten usw. sowie den Absatz der landwirtschaftlichen Produkte).

Ein ausgebautes Filialnetz bringt eine Reihe von Vorteilen mit sich. Durch die Zurückdrängung der inoffiziellen Ausprägungen der finanziellen Infrastruktur (z. B. der Indigenous Bankers) wird die Macht der Zentralbank selbst gestärkt, die mit ihren währungspolitischen Instrumenten dann auch in diese Bereiche vordringt. Dadurch erreicht sie einen immer größeren Teil aller Finanzinstitutionen, bis sie schließlich die gesamte finanzielle Infrastruktur erfaßt.

Auch für die Sparer und Kreditnehmer ergeben sich wesentliche Vorteile. Zunächst kommt es durch den Aufbau eines umfassenden Filialnetzes auch zu einer Verbesserung der Funktionsfähigkeit der Geld- und Kreditmärkte. Insbesondere die kleinen Kreditnehmer im ländlichen Raum sind nicht mehr den Geldverleihern mit ihrer lokalen Machtposition und ungünstigen Konditionen ausgeliefert. Durch die größere Transparenz und die Transformationsfunktion eines landesweiten Gitternetzes der finanziellen Infrastruktur können Ersparnisse die günstigsten Anlagemöglichkeiten und Kredite die effizientesten produktiven Investitionen finden.

Allerdings sollte – wie bereits erwähnt – bedacht werden, daß es auch durch ein ausgebautes offizielles Netz von Finanzinstitutionen zu unerwünschten Effekten kommen kann, während umgekehrt auch von inoffiziellen Teilen positive Wirkungen ausgehen können. Die Zentralbank muß versuchen, die unerwünschten Erscheinungen zu verhindern (z. B. negative räumliche Effekte durch Geschäftsbanken) und die positiven zu erhalten.

Soweit es sich um Entwicklungsländer mit geringem Monetisierungsstand handelt, kann damit auch der umständliche ressourcenverbrauchende Realtausch zurückgedrängt werden. Dazu gehören neben dem Ausbau des Filialnetzes auch andere geeignete Maßnahmen, um die Bevölkerung von den Vorzügen des Geldes als Tausch-, Rechen- und Wertaufbewahrungsmittel zu überzeugen (vgl. auch Abschnitt B).

Worin könnte nun der Beitrag der Zentralbank zum Ausbau der finanziellen Infrastruktur bestehen? Da private und staatliche Geschäftsbanken nach betriebswirtschaftlichen Grundsätzen vorgehen, bei denen Rentabilitätsüberlegungen im Vordergrund stehen (vgl. Abschnitt C.III.2.), kann auf dieser Ebene keine übergreifende Planung erwartet werden, die auch gesamtwirtschaftlichen Zielsetzungen Rechnung trägt. Regierung und Ministerien dürften mit diesen bankspezifischen Planungen überfordert sein. So scheint die Zentralbank die geeignete Institution zu sein, die Planung für einen flächendeckenden Ausbau der finanziellen Infrastruktur zu übernehmen und die zu deren Verwirklichung notwendigen Maßnahmen durchzuführen bzw. zu überwachen.

Bei der Realisierung dieser Planung ist vor allem die Mitarbeit der privaten und staatlichen Geld- und Kreditinstitute notwendig, wobei auch die Post einen Beitrag leisten könnte. Bei staatlichen Geschäftsbanken (und Post) dürfte die Mitwirkung am einfachsten sein. Denn sie lassen sich in eine (zwingende) Gesamtplanung einbeziehen. Will man bei privaten Kreditinstituten auf Zwangsmaßnahmen verzichten, bleiben vor allem finanzielle Anreize (Subventionen, Steuererleichterungen etc.), um sie zum Aufbau von Filialen in Regionen zu bewegen, in denen zumindest während der „Aufholphase" in der wirtschaftlichen Entwicklung noch keine Rentabilität zu erwarten ist. Darüber hinaus gibt es die Möglichkeit, staatliche Entwicklungsbanken mit den erforderlichen Zweigstellen einzurichten oder den Aufbau von Genossenschaftsbanken zu fördern.

Es sind sicherlich noch weitere Vorschläge denkbar, und insbesondere wäre es notwendig, diese näher zu konkretisieren. Da bei einer konkreten Planung landesspezifische und regionale Besonderheiten (z. B. "Indigenous Bankers" in Indien), der jeweilige Entwicklungsstand u. v. a. m. zu berücksichtigen sind, konnte hier zum Beitrag der Zentralbank beim Ausbau der finanziellen Infrastruktur nur auf einer relativ hohen Abstraktionsebene Stellung genommen werden. Entscheidend ist dabei der Vorschlag, die Planungshoheit weder privaten und staatlichen Geschäftsbanken noch der Regierung bzw. den Ministerien zu überlassen, sondern diese der Zentralbank zu übertragen.

2. Mobilisierung von Ersparnissen

Unter „Mobilisierung von Ersparnissen" werden hier alle Anstrengungen verstanden, wodurch sich die Einlagen im offiziellen Teil der finanziellen Infrastruktur erhöhen. Denn nur durch die Bildung von Geldvermögen ist eine Kreditvergabe möglich, welche bei Verwendung dieser Kredite für Investitionsvorhaben zur Förderung der wirtschaftlichen Entwicklung beiträgt.[12]

[12] Dabei hängt die Fähigkeit der Banken zur Kreditgewährung nicht nur von der Höhe der Einlagen ihrer Kunden ab, sondern beispielsweise auch von ihren Mindest- und Überschußreserven, die bei der Zentralbank gehalten werden. Die Zentralbank kann wiederum mit Hilfe ihres geldpolitischen Instrumentariums Einfluß auf diese Zentralbankguthaben nehmen, die Teil des Zentralbankgeldes sind. Durch diese Ab-

Da der Kapitalzufuhr aus dem Ausland enge Grenzen gesetzt sind, geht es vor allem um die Mobilisierung inländischer Ersparnisse. Soweit als Quelle hierfür an einen freiwilligen zusätzlichen Konsumverzicht gedacht wird (Erhöhung der Sparquote), dürfte dieses Vorhaben in vielen Entwicklungsländern, besonders in den subsistenzwirtschaftlichen Räumen dieser Länder, auf große Schwierigkeiten stoßen. Die geringe Sparfähigkeit ist eben eine Folge der Unterentwicklung selbst.[13] Wer gar an der Grenze des Existenzminimums lebt, kann überhaupt nicht auf Konsum verzichten und einen Teil des Einkommens in Form von Einlagen an die Banken geben. Des weiteren läßt sich darunter die Mobilisierung bereits realisierter Ersparnisse verstehen, die bisher in Form von Geld und Sachgütern gehortet wurden, ohne daß über diese Wertaufbewahrung hinaus mit diesen Mitteln auch eine konsumtive oder produktive Funktion erfüllt wurde. Schließlich läßt sich darunter auch die Überführung von Mitteln aus dem inoffiziellen Teil der finanziellen Infrastruktur in den offiziellen verstehen. Dies wären die Einlagen, die bisher dem inoffiziellen Sektor zuflossen, etwa den „Indigenous Bankers" in Indien. Dazu gehören auch die Ersparnisse der inoffiziellen Geldverleiher selbst. Hierbei handelt es sich im Grunde nicht um eine „Mobilisierung" ungenutzt gelagerter Mittel. Denn diese „Einlagen" dienten auch bisher schon der Kreditvergabe und damit der Beschaffung von Gütern. Soweit es sich um Investitionsgüter handelt, wurde auch auf diese Weise die wirtschaftliche Entwicklung gefördert. Deshalb müßte man eigentlich besser von einer „Umverteilung" oder „Übertragung" zugunsten des offiziellen Teils der finanziellen Infrastruktur sprechen.

Im folgenden wird vor allem auf die beiden letzten Möglichkeiten Bezug genommen: die Mobilisierung von gehortetem Geld- und Sachvermögen und die Übertragung von Einlagen (und Krediten) aus dem inoffiziellen in den offiziellen Teil der finanziellen Infrastruktur. Voraussetzung für die Mobilisierung beider Potentiale ist der Auf- und Ausbau der finanziellen Infrastruktur. Insofern besteht zwischen offizieller finanzieller Infrastruktur und Mobilisierung von Ersparnissen eine Komplementaritätsbeziehung. Erst wenn auch die ländlich-subsistenzwirtschaftlichen Regionen mit „Brückenköpfen" des offiziellen Geld- und Kreditwesens ausgestattet sind, können die Einlagen überhaupt einen Weg aus dem inoffiziellen in den offiziellen Bereich finden. Der Beitrag der Zentralbank zu diesem Mobilisierungsvorgang besteht deshalb zunächst schon darin, daß sie den Aufbau der offiziel-

---

hängigkeit der Geschäftsbanken von Zentralbankgeld kann die Notenbank die Kreditschöpfungsmöglichkeiten der Geschäftsbanken erweitern oder einengen.

[13] Vgl. *Hesse*, H. / *Sautter*, H., S. 44 f.

len finanziellen Infrastruktur durch Planung und Anreize fördert (vgl. Abschnitt 1).

Nach Schaffung dieser Voraussetzungen sollte die Mobilisierung von Einlagen, die bisher bei den inoffiziellen Geldverleihern angelegt wurden, grundsätzlich über den Zins, als dem Preis für Einlagen und Kredite, geschehen. Da z. B. die „Indigenous Bankers" in Indien keine oder nur sehr geringe Einlagezinsen zahlen, müßten die Sparer bei rationalem Verhalten zu den offiziellen Kreditinstituten abwandern, wenn diese eine höhere Verzinsung anbieten. Das gleiche gilt umgekehrt für die Kreditnehmer, von denen die inoffiziellen Geldverleiher i. a. zu hohe Zinsen verlangen. Es ist jedoch damit zu rechnen, daß günstigere Konditionen allein nicht genügen. Mit dem Ausbau des Filialnetzes und dem günstigeren Angebot müßten sich gleichzeitig auch die sozialen Verhältnisse ändern, welche die Kreditnehmer häufig an ihre traditionellen Kreditgeber binden. Dies liegt an der über das Geldgeschäft hinausgehenden regionalen bzw. lokalen Machtposition vieler Geldverleiher, die alles versuchen werden, um ihre Zurückdrängung zu verhindern. Ferner könnte eine hohe Akzeptanzschwelle der ländlichen Bevölkerung vor offiziellen Kreditinstituten bestehen, die es zu überwinden gilt. Haben die offiziellen Kreditinstitute mit ihrem Verdrängungswettbewerb Erfolg und bleiben dadurch den traditionellen Geldverleihern die Kunden weg, wird es auch für diese selbst notwendig, ihre eigenen liquiden Mittel anderweitig anzulegen, z. B. bei den offiziellen Banken, oder nach geeigneten Investitionsmöglichkeiten zu suchen. Diejenigen traditionellen Geldverleiher, die in der Lage sind, dem Konkurrenzdruck der offiziellen Geld- und Kreditinstitute standzuhalten, sollten dann allerdings auch einen Platz im Gefüge der finanziellen Infrastruktur behalten dürfen.

Erfahrungen aus fortgeschritteneren Entwicklungsländern haben gezeigt, daß wettbewerbsintensive Geld- und Kreditmärkte automatisch eine Zinsstruktur erzeugen, bei der es zu einem Gleichgewicht zwischen Kreditangebot und Kreditnachfrage kommt. In Ländern mit einer ungenügend ausgebauten finanziellen Infrastruktur ohne funktionsfähigen Wettbewerb auf den Finanzmärkten tendiert der Bankensektor aufgrund seiner Marktmacht eher dazu, die Einlagezinsen niedrig zu halten, um durch einen großen Abstand zu den Kreditzinsen hohe Gewinne zu erzielen.[14] Aufgabe der Zentralbank wäre es, Wettbewerb auf den Geld- und Kreditmärkten herzustellen und zu erhalten. Während der Aufbauphase der finanziellen Infrastruktur oder wenn aus anderen Gründen kein Wettbewerb stattfindet (z. B. Zinskartelle, verstaatlichte Geschäftsbanken), wäre es notwendig, durch diskretionäre Maßnahmen eine annähernd marktmäßige Zinsstruktur zu schaffen.

14 Vgl. *Fischer*, B., S. 157, *Hemmer*, H.-R., S. 425 f.

Durch günstigere Zinsen bei Einlagen und Krediten dürfte es durch die offizielle Infrastruktur auch zu einer Mobilisierung von bisher in Geld und Sachgütern gehorteten Ersparnissen und zu einer erhöhten Kreditnachfrage kommen. Auf diese Weise dehnt sich das Einlage- und Kreditvolumen aus, und es werden *zusätzliche* kreditfinanzierte Investitionen möglich. Besonders für die ländlich-subsistenzwirtschaftlichen Räume, die bisher von den inoffiziellen Geldverleihern versorgt wurden, müssen einfache „zielgruppenorientierte" Einlage- und Kreditformen entwickelt werden. Was die Einlagen betrifft, so ist an risikolose Möglichkeiten zu denken. So dürften etwa Sparbücher (auch Postsparen) mit verschiedenen Fristen sehr geeignet sein, auch festverzinsliche Wertpapiere. Zur Erhöhung der Bereitschaft zur Einlagenbildung bei Kreditinstituten können auch steuerliche Freibeträge für Zinserträge beitragen, ebenso die Einführung von Prämiensparen. Für Entwicklungsländer dürfte allgemein gelten: „Savers are likely to prefer a financial instrument that is simpel, convient and easily intelligible, that does not involve transactions costs and that can be easily and without loss converted into money."[15]

Dementsprechend ist, vor allem bei den Bauern und Handwerkern in den subsistenzwirtschaftlichen Räumen, die bisher keine Kontakte zu offiziellen Kreditinstituten hatten, auf die Merkmale der inoffiziellen finanziellen Infrastruktur zu achten. Diese zeichnet sich aus durch:[16]

- unkomplizierte Kreditbereitstellung,
- Flexibilität hinsichtlich der Kreditverwendung,
- Einräumung flexibler Rückzahlungsmodalitäten,
- Kombination mit komplementären Dienstleistungen, insbesondere im Bereich der Vermarktung und der Lieferung benötigter Produktionsmittel,
- räumliche Nähe zum Kreditnehmer,
- persönliches Vertrauensverhältnis zwischen Kreditnehmer und Kreditgeber,
- Bereitstellung der Kredite als Personalkredit, d. h. ohne dingliche Sicherheit.

Die Notenbank kann in Zusammenarbeit mit den Kreditinstituten Einlage- und Kreditformen entwickeln, die diese Merkmale berücksichtigen und den sonstigen landesspezifischen Traditionen und Besonderheiten Rechnung tragen. Diese wären unverbindlich zu empfehlen oder, falls nötig, per Verordnung oder Gesetz den Geld- und Kreditinstituten verbindlich vorzu-

---

15 *Bhatt*, V. V., Some Aspects of Financial Policies and Central Banking in Developing Countries, in: Coats, W. L. / Khatkhate, D. R. (Hrsg.), S. 121.

16 *Fischer*, W. E., Die Grenzen des Instruments Entwicklungsbank, in: Entwicklung und Zusammenarbeit 5/1983, S. 19.

schreiben. Ähnliches gilt für andere Bankdienstleistungen (Schecks, Wechsel, Überweisungsverkehr usw.).

Eine weitere Mobilisierung von Ersparnissen ist auch durch die Einführung von gesetzlichen Unterstützungskassen oder Rentenversicherungen möglich.[17] Mit der Einführung einfacher Formen der gesetzlichen Rentenversicherung lassen sich gleichzeitig weitere wichtige Ziele erreichen. In der Phase des Aufbaus solcher Versicherungen kommt es zu zusätzlichen Ersparnissen, die zumindest bis zum Beginn der Auszahlungen zur Finanzierung von Investitionen verwendet werden können. Gleichzeitig können damit auch gesellschaftspolitische Ziele verwirklicht werden, wenn der einzelne Bürger im Alter von seinen Kindern unabhängiger gemacht wird, wodurch sich die Notwendigkeit einer großen Kinderschar als Alterssicherung verringert. Darüber hinaus sind noch weitere Versicherungen möglich, etwa Lebensversicherungen oder zwingend vorgeschriebene Risikoversicherungen für Ernteausfälle usw. Eine Mitwirkung der Notenbank ist auch bei den zuletzt genannten Möglichkeiten vorstellbar, indem sie bei der Planung und dem Aufbau von Unterstützungskassen, Risikoversicherungen, gesetzlichen Rentenversicherungen usw. beteiligt wird. Eine nähere Konkretisierung muß bei den Planungen in den verschiedenen Entwicklungsländern erfolgen.

3. Förderung einer räumlich ausgeglichenen Wirtschaftsstruktur

Auch in den Entwicklungsländern ist die Förderung regionaler und sektoraler Entwicklungsprozesse durch staatliche und halbstaatliche Spezialbanken längst selbstverständlich. Hervorstechendstes Beispiel sind die Entwicklungsbanken, die zur Durchführung eines ausgewogenen Entwicklungsprogramms beitragen sollen. Hier sind die gezielten Hilfen für den ländlich-subsistenzwirtschaftlichen Raum anzusiedeln, welche durch normale Geschäftsbanken nicht gegeben werden. Natürlich können damit auch Spezialabteilungen verstaatlichter Geschäftsbanken betraut werden.

Wichtigstes Ergebnis der empirischen Analysen war die Feststellung expansiver und kontraktiver räumlicher Effekte zugunsten reicher und zu Lasten armer Gliedstaaten Indiens (vgl. Abschnitt C.III.4.4.4). Es wurde gezeigt, daß es sich nicht um marginale Effekte handelt, sondern um bemerkenswerte Größenordnungen. Da vermutlich durch weitere Entwicklungsfaktoren die entwickelteren Räume bevorzugt werden (vgl. Abschnitt C.III.3.), sind geeignete gegengerichtete Maßnahmen erforderlich, will man

[17] Vgl. *Bhatt*, V. V., S. 122.

eine Verstärkung des Entwicklungsgefälles aufhalten oder sogar zu einer landesweit ausgeglichenen Wirtschaftsstruktur kommen. Es wird nicht genügen, diese Aufgabe der Regionapolitik allein zu überlassen. Denn regionalpolitische Programme sind – gerade in Entwicklungsländern – nur der berühmte „Tropfen auf den heißen Stein".

Zur Bekämpfung der unerwünschten räumlichen Effekte durch die finanzielle Infrastruktur dürfte die Zentralbank wiederum die geeignete Institution sein, der diese Aufgabe und die dazu notwendigen Instrumente übertragen werden sollten. Dabei geht es weniger um die Mobilisierung von zusätzlichen Einlagen. Dies wird ohnehin angestrebt (vgl. Abschnitt 2.2), und es wäre sinnvoll, über die dabei zu treffenden Maßnahmen hinaus (Ausbau der finanziellen Infrastruktur, Schaffung geeigneter Anlagemöglichkeiten mit marktmäßiger Verzinsung) noch eine regional unterschiedliche Mobilisierungsstrategie zu verfolgen. Zum Abbau des Gefälles bei wirtschaftlicher Entwicklung und Wohlstand geht es vor allem um den Abbau der Ungleichheiten in der Kreditvergabe, konkreter gesagt, um den Abbau der expansiven und kontraktiven Effekte (vgl. Abschnitt C.III.4.4.4).

Eingriffe in das vorfindbare Kreditgefüge könnten aus ordnungspolitischer Sicht problematisch sein, wenn dadurch die optimale Produktionsstruktur verzerrt wird. Die Fähigkeit einzelner Regionen, hohe Kreditvolumina zu beanspruchen und die entsprechende Zinslast tragen zu können, muß aber nicht immer bedeuten, daß dort die kreditfinanzierten Investitionen mit dem höchsten Produktivitätsbeitrag möglich sind. Die regionalen Unterschiede in der Kreditvergabe dürften ihre Ursache vielmehr in der unterschiedlichen regionalen Entwicklung und Leistungsfähigkeit haben. Der Standort- oder Entwicklungsvorsprung ermöglicht es den entwickelteren Regionen, ihren Abstand zu den ärmeren Gebieten durch weitere kreditfinanzierte Investitionen auszubauen, selbst wenn mittel- und langfristig eine größere Produktivitätssteigerung durch wirtschaftliche Entwicklung und zusätzliche kreditfinanzierte Investitionen in den ärmeren Regionen zu erwarten wäre (vgl. Abschnitt 4.4.1 ff., insbesondere 4.4.5).

Unabhängig von diesen offenen Fragen zur Rentabilität bzw. dem Produktivitätsbeitrag kreditfinanzierter Investitionen, sind die sozialen und gesellschaftlichen Kosten in die Rechnung einzubeziehen, die eine isolierte Kosten-Nutzen-Analyse kreditfinanzierter Investitionen nicht berücksichtigt. Selbst wenn in den weiter entwickelten Regionen die „besseren" Investitionen möglich wären, was zumindest bei langfristiger Betrachtung zweifelhaft ist, wäre es auf die Dauer unerträglich, wenn sich dadurch die regionalen Wohlstandsgefälle weiter vergrößern. Die Entwicklungsländer können es sich nicht leisten, derart große räumliche Effekte durch eine ungleiche Kreditvergabepraxis zu akzeptieren, wie sie für Indien festgestellt wurden (vgl. Abschnitt C.III.4.). Denn die langfristigen Folgen können verheerend sein (vgl. Abschnitt C.III.3.).

Den Zentralbanken der Entwicklungsländer kommt bereits eine bedeutende wirtschaftspolitische Funktion zu, wenn ihr zu den üblichen Aufgaben auch noch verschiedene Förderungsfunktionen zugeordnet werden. Hinzu käme nun noch eine regionale Steuerungsfunktion. Zur regionalen Steuerung der Kreditvergabe an die Nichtbanken bieten sich zwei grundsätzlich verschiedene Wege an. Die Notenbank kann dies einmal *direkt* regeln, indem sie den Geschäftsbanken vorschreibt, welche Anteile des gesamten Kreditvolumens auf die einzelnen Regionen entfallen (z. B. Kreditplafonds für die einzelnen Gliedstaaten Indiens). Der zweite Weg bestünde darin, durch währungspolitische Instrumente *indirekt* auf die regionale Verteilung der Kredite Einfluß zu nehmen. Man könnte z. B. für verschiedene Regionen unterschiedliche Diskont-, Lombard- und Mindestreservesätze festlegen.

Lassen sich die staatlichen wie auch die privaten Geschäftsbanken bei einer direkten oder indirekten regionalen Kreditlenkung relativ leicht kontrollieren, könnte es bei den Kreditnehmern selbst ernsthafte Probleme geben. Dabei geht es nicht einmal um den Einwand, große landesweite Unternehmen könnten Kredite in den begünstigten Räumen aufnehmen und innerbetrieblich an die gewünschten Standorte leiten. Denn es ginge bei einer derartigen Kreditpolitik ohnehin nur um die „kleinen" Bankkunden, die Landwirte, Handwerker und Kleinunternehmer, deren Wohn- und Geschäftssitze i. a. innerhalb einer bestimmten Region liegen. Große Firmen oder gar multinationale Unternehmen müßten aus dieser Regelung ohnehin herausgenommen werden. Dennoch ist die Gefahr des Mißbrauchs auch dann groß, wenn man nur die in Frage kommende Zielgruppe betrachtet. Es könnte sich ein illegaler Markt bilden, wo „Strohmänner" in begünstigten Gebieten Kredite aufnehmen und an Kreditnehmer in den anderen Regionen weitergeben, sozusagen eine „neue Welle" inoffizieller Geldverleiher. Diese Gefahr ist in der Nähe von Regionengrenzen besonders groß. Allerdings könnte man eine Vorlage der Rechnungen über die mit Hilfe der Kredite durchgeführten Investitionen verlangen. Dies würde den Mißbrauch zumindest erschweren. Bei der regionalen Steuerung von Krediten durch die Zentralbank handelt es sich um ein Problem der Kontrolle der Kreditgeber (Geschäftsbanken) und vor allem der Kreditnehmer (Nichtbanken).[18]

---

18 Vgl. *Coats*, W. L. / *Khatkhate*, D. R., S. 25 ff.

Zum Schluß noch ein Wort zur Finanzierung. Bei einer Festlegung der Kreditvolumina für verschiedene Regionen sollte davon ausgegangen werden, daß die Banken in den begünstigten Räumen niedrigere Zinsen verlangen, um die angestrebten Kreditvolumina zu erreichen. Denkbar ist neben dem regionalisierten Einsatz währungspolitischer Instrumente auch die Zahlung von Zinszuschüssen durch die Notenbank an die Geschäftsbanken. Bei den indirekt wirkenden traditionellen währungspolitischen Instrumenten könnten die Anreize über günstigere Konditionen bei der Refinanzierungs- und Mindestreservepolitik erfolgen. Voraussetzung ist dabei immer, dafür zu sorgen, daß überregionale Geschäftsbanken diese Vergünstigungen auch tatsächlich an die Kunden in den betreffenden Regionen weitergeben.

In sehr vielen Entwicklungsländern gibt es verstaatlichte Geschäftsbanken. Besonders in diesen Fällen könnte das Finanzierungsproblem auch durch eine Art Mischkalkulation für Kreditzinsen gelöst werden. Dabei entspräche dann der gewichtete Durchschnitt aus höheren und niedrigeren Kreditzinsen dem bisherigen landesweiten Zinsniveau für die einzelnen Kreditmöglichkeiten. Bei einem solchen Verfahren würden die reicheren Gliedstaaten durch höhere Kreditzinsen den Preis für die gewünschte Umlenkung der Kredite zahlen. Dies käme einer Besteuerung der reichen zugunsten einer Subventionierung der ärmeren Regionen gleich.

III. Reserve Bank of India

Abschließend soll die indische Situation dargelegt werden.[19] Auf die Entstehungsgeschichte der indischen Zentralbank, der „Reserve Bank of India" (RBI) braucht nicht näher eingegangen werden.[20] Erwähnenswert ist vielleicht, daß sie 1935 als Aktiengesellschaft ihre Arbeit aufnahm. Mit dieser Rechtsform wollte man eine weitgehende Unabhängigkeit von der jeweiligen Regierung gewährleisten und einer unternehmerischen Dynamik keine bürokratischen Grenzen setzen. Dabei mögen auch koloniale Interessen Englands eine Rolle gespielt haben, das lange Jahre die Führungsspitze der RBI einsetzte.

Nach der Unabhängigkeit Indiens im Jahre 1947 gab es erhebliche Auseinandersetzungen zwischen den indischen Fürsten und Königen, die mehr an ihrer eigenen Souveränität als an einer gesamtindischen Republik inter-

---

19 Vgl. *Hasan*, K. S., S. 24 f.

20 Siehe zur Entstehungsgeschichte: Reserve Bank of India, History of the Reserve Bank of India 1935–1951, Bombay 1970.

essiert waren. Dies wirkte sich natürlich störend auf den wirtschaftlichen und monetären Bereich aus. In dieser Zeit gab es z. B. Territorialherrscher, die für ihre Region neue Währungen schufen. Andererseits gab es das Kuriosum, daß nach der Unabhängigkeit von Pakistan (damals noch West- und Ostpakistan) die alte Reserve Bank die Notenbank zweier souveräner Staaten war, welche gegeneinander Krieg führten.[21]

Die Verstaatlichung der RBI gegen Entschädigung der bisherigen Eigentümer erfolgte zum Jahresbeginn 1949 gegen den Willen der vorherigen Führungsspitze der Bank. Im Zeitpunkt der Verstaatlichung kann man den Beginn der heutigen RBI sehen. Damit waren natürlich eine Reihe von Veränderungen verbunden. Was das Verhältnis zum *Staat* betrifft, begann eine „neue Qualität", die sich besonders am obersten Entscheidungsgremium der RBI, dem „Central Board of Directors" (CBD), erkennen läßt. Dieser ist vergleichbar mit dem Direktorium der Deutschen Bundesbank. Das Gremium setzte sich ab 1949 aus höchstens 20 Mitgliedern zusammen, die alle von der Zentralregierung ernannt werden. Im einzelnen gibt es einen Gouverneur und bis zu vier Vizegouverneure. Die RBI unterteilt Indien in vier Großregionen, denen ein „Local Board of Directors" (LBD) vorsteht. Diese Verwaltungsräte mit Sitz in New Delhi, Bombay, Madras und Kalkutta bestehen aus fünf Mitgliedern. Die Verwaltungsräte haben die Aufgabe, den CBD zu unterstützen und zu beraten. Dazu nominiert die Zentralregierung aus jeder der vier Regionalvertretungen einen Direktor für den CBD. Darüber hinaus werden von ihr weitere zehn Direktoren direkt ernannt. Schließlich sitzt im CBD noch ein Regierungsbeamter als Vertreter der Zentralregierung.

Schon von der Nominierung her wird die äußerst starke Abhängigkeit von der Zentralregierung deutlich. Aber auch sonst gibt es keine gesetzlich verankerte Unabhängigkeit. Vielmehr ist der CBD ausdrücklich an die Weisungen der Zentralregierung bzw. des Finanzministeriums gebunden. Schließlich kann die Zentralregierung den gesamten CBD auflösen und personell neu bilden. Damit wird die RBI praktisch eine Abteilung des Finanzministeriums. Berücksichtigt man ferner, daß inzwischen fast alle Geschäfts-, Genossenschafts- und Entwicklungsbanken staatlich sind (ebenso die Versicherungen), so wird deutlich, welch enormer Machtfaktor heute der direkten staatlichen Einflußnahme unterliegt, nämlich praktisch die gesamte offizielle finanzielle Infrastruktur.

Es wird deshalb immer wieder die Frage der Neuorganisation mit mehr Autonomie für die RBI diskutiert, um die Unbeweglichkeit einer derart rie-

---

[21] Vgl. *Mandapathil*, M., S. 134.

sigen staatlichen Bürokratie abzubauen und ein größeres Maß an Flexibilität einzuführen.[22]

Zur Beeinflussung der *Geschäftsbanken* spielten Refinanzierungs-, Mindestreserve- und Offenmarktpolitik auch in Indien eine Rolle. Aber bereits an der Diskontpolitik wird die Besonderheit des Entwicklungslandes deutlich. Denn wegen des inoffiziellen Teils der finanziellen Infrastruktur ist dieses Instrument nur beschränkt wirksam. Die Wirtschaftssubjekte können sich auch Kredite bei den Indigenous Bankers holen, wenn ihnen dort günstigere Konditionen eingeräumt werden. Dies war besonders dann der Fall, wenn hohe Inflationsraten auch hohe Diskontsätze erforderlich machten, um eine Begrenzung der Geldmenge zu erreichen. Zur Refinanzierungspolitik gehören neben der Diskontpolitik auch die Refinanzierungskontingente. 1964 wurde das sog. „Net Liquiditiy Ratio System" eingeführt. Dazu wird der Quotient aus liquiden Aktiva[23] und Einlagen gebildet. Wird der festgesetzte Quotient, die „Net Liquidity Ratio" (NLR), unterschritten, nehmen die liquiden Aktiva im Verhältnis zu den Einlagen ab (z. B. durch verstärkte Kreditvergabe), wird dadurch automatisch der Rediskontsatz erhöht. Der geforderte „Strafsatz", die sog. „Penal Rate", betrug 1978 beispielsweise 6 % bei einer NLR von 34 %. Sie steigt um einen Prozentpunkt beim Rückgang der NLR um einen Prozentpunkt und liegt deshalb bei 15 %, wenn z. B. 25 % NLR erreicht werden (34 % − 25 % = 9 %; 6 % + 9 % = 15 %).[24]

Auch die Mindestreservepolitik ist in Indien als währungspolitisches Instrument zur Geldmengensteuerung und Inflationsbekämpfung wenig geeignet. Denn die indischen Geschäftsbanken neigen traditionell zu hohen Liquiditätsreserven, die als Prestigeangelegenheit betrachtet werden. Eine Erhöhung der Mindestreserven hat meistens zur Folge, daß Aktiva (z. B. Staatspapiere) verkauft werden, um den ursprünglichen Liquiditätsspielraum zu erhalten.[25]

Da in Indien kein Geld- und Kapitalmarkt mit hoher Wettbewerbsintensität existiert, sind der Offenmarktpolitik schon von daher enge Grenzen gesetzt. Offenmarktoperationen werden in Indien hauptsächlich zur Finanzierung von Haushaltsdefiziten benutzt. Um eine permanente Kreditaufnahme durch den Verkauf von Staatspapieren zu ermöglichen, dient die Offen-

---

22 Vgl. *Simha*, S. L. N., Reforrm of the Indian Banking System, Bombay/Madras 1973, S. 309 ff.

23 Kassenbestände, Zentralbankguthaben, Staatsanleihen und Sichtguthaben bei anderen Kreditinstituten, abzüglich Kredite von der RBI, der State Bank of India (SBI) und der Industrial Development Bank of India (IDBI).

24 Vgl. *Mandpathil*, M., S. 165 ff., insbes. S. 168 f.

25 Vgl. ebenda, S. 167.

marktpolitik vor allem der Kurspflege dieser Papiere und weniger der Geldmengensteuerung.[26]

Da die bisher aufgezählten Instrumente nur eingeschränkt wirksam sind, wurden der RBI in den 70er Jahren Instrumente an die Hand gegeben, die einen direkten Einfluß auf die Kreditgewährung der Geschäftsbanken ermöglichen. Dies geschah auch im Zusammenhang mit der Verstaatlichung fast sämtlicher Geschäftsbanken, wodurch die bisher aufgeführten Instrumente zusätzlich an Bedeutung verloren. Denn die heutigen privaten Geschäftsbanken haben kein nennenswertes Geschäftsvolumen mehr. Da die indische Volkswirtschaft heute nach mehrjährigen Plänen gesteuert wird, wurde auch eine weitgehende Kreditplanung unerläßlich. Dazu gibt es innerhalb der RBI eine eigens dazu eingerichtete Kreditplanungsabteilung, die „Credit Planing Cell". Diese kann z. B. Kredite für bestimmte Zwecke verbieten und auch unterschiedliche Zinssätze für verschiedene Wirtschaftssektoren vorschreiben. Kredite ab einer bestimmten Höhe sind ferner genehmigungspflichtig.[27]

Die *inoffizielle finanzielle Infrastruktur* Indiens wird weitgehend durch die *Indigenous Bankers* repräsentiert.[28] Diese traditionelle finanzielle Infrastruktur ist wesentlich älter als das moderne Geld- und Bankwesen Indiens, und dementsprechend tief ist sie besonders mit der ländlichen Bevölkerung verwurzelt. Unabhängig von der Wünschbarkeit ist es immer schwierig, traditionelle Elemente eines Volkes zu verändern, die sich über Jahrhunderte eingeprägt haben.

Insofern haben die Indigenous Bankers vielfachen Bemühungen der RBI standgehalten, sie in den offiziellen Bankenbereich zu integrieren. Man wollte sogar die Indigenous Bankers als „Scheduled Banks" akzeptieren, wenn sie bestimmte Bedingungen erfüllt hätten (Bankgeschäfte als Haupttätigkeit, Eigenkapital von mindestens 100.000 Rs., Buchführung mit Bilanzen, Geschäftsberichte an die Zentralbank). Aber genau diese Bedingungen hätten die Indigenous Bankers letztlich entmachtet und wahrscheinlich langfristig gänzlich zu vom Staat bzw. von der Zentralbank abhängigen und schließlich verstaatlichten Einrichtungen gemacht, was ja mit fast allen Geschäftsbanken inzwischen geschehen ist.

Mit dem Verzicht des meist nebenberuflichen Verleihens liquider Mittel würden die Indigenous Bankers zugleich auch ihre allgemeine Machtposition in ihrem Einflußbereich vermindern. Mögen es rechtschaffene Geldver-

26 Vgl. *Mandapathil*, M., S. 169.

27 Vgl. ebenda, S. 170 ff.

28 Vgl. ebenda, S. 177 ff.

leiher oder aber auch skrupellose Wucherer sein, sie können deshalb an einem staatlichen Zugriff kein Interesse haben. So ist es bis heute auch nicht gelungen, auf diesem Weg eine größere Kontrolle der Zentralbank über die Indigenous Bankers in Indien zu erreichen. Unabhängig von einem Einfluß auf das manchmal ausbeuterische Geschäftsgebaren der Indigenous Bankers war es nicht einmal möglich, einheitliche Sparbücher, Scheckvordrucke, Hundiformulare usw. im traditionellen Sektor einzuführen. Insbesondere gibt es auch keine Lizenzverfahren für derartige Geld- und Kreditgeschäfte, womit man durch Vergabe und Entzug der Lizenz die „schwarzen Schafe" in den Reihen der Indigenous Bankers aus dem Verkehr ziehen könnte. Das gleiche gilt auch für Aus- und Fortbildungsmaßnahmen, um etwa über die Vermittlung von Grundzügen einer Bankbetriebslehre einen erzieherischen Einfluß ausüben zu können. Zu stark sind die Vorbehalte und Vorurteile. Weitere Vorschläge gehen dahin, die Indigenous Bankers zu ermutigen, sich in Verbänden zu organisieren. So wären wenigstens verbandsinterne Regelungen möglich, die einen Fortschritt bringen und Mißbräuche eindämmen könnten. Aber aus den genannten Gründen ist es schwer, die Indigenous Bankers selbst dazu zu bewegen. Immerhin gibt es regionale Organisationformen, die jedoch ihre spezifischen Interessen vertreten. Eine gesamtindische Standesorganisation ist nicht in Sicht.

Es gibt noch eine Reihe von weiteren Vorschlägen zur Behebung der Mißstände im traditionellen Sektor.[29] So könnte den Indigenous Bankers durch Erweiterung ihrer Bankgeschäfte eine größere Geschäftsbasis gegeben werden. Sie nehmen beispielsweise aufgrund ihres eigenen Standesbewußtseins kaum Spargelder entgegen. Ein größerer Geschäftsumfang würde es den Indigenous Bankers gestatten, sich hauptberuflich mit Bankgeschäften zu befassen, wodurch eine mit Zielkonflikten verbundene Beschäftigung mit anderen Berufen ausgeschlossen wäre. Schließlich gibt es den Vorschlag, daß die Geschäftsbanken die Indigenous Bankers als Partner akzeptieren und sie nicht, wie bisher, als „Ausbeuter und Profitmacher" diffamieren.

Fast alle diese Vorschläge und Maßnahmen versuchen an den Symptomen zu kurieren. Sie haben in Indien zu keiner befriedigenden Zurückdrängung bzw. Eingliederung der traditionellen Indigenous Bankers in den offiziellen Bereich der finanziellen Infrastruktur geführt. Um Mißbräuche zu verhindern (vgl. Abschnitt C.IV.) und den Wirkungshorizont der Zentralbank mit ihren währungspolitischen Instrumenten auch auf diesen Teil auszudehnen, erscheint eine Vorgehensweise erfolgversprechender, wie sie oben skizziert wurde (vgl. Abschnitt II.2. und II.3.) Durch den flächendek-

[29] Vgl. *Mandapathil*, M., S. 94 ff.

kenden Ausbau der offiziellen finanziellen Infrastruktur bei gleichzeitigem Verdrängungs-Wettbewerb werden die unseriösen Geldverlieher verschwinden. Indigenous Bankers, die dabei konkurrenzfähig bleiben, sollten als akzeptable traditionelle Geldverleiher angesehen werden, wobei ihre allmähliche Einbindung in den offiziellen Teil, etwa durch Vorschriften über Form und Inhalt einer Buchführung, Haftung, Aktiv- und Passivgeschäfte etc., erfolgen sollte. Gleichzeitig muß vermieden werden, daß bei Zurückdrängung der inoffiziellen Geldverleiher zugunsten der offiziellen Kreditinstitute zusätzliche expansive und kontraktive räumliche Effekte auftreten (vgl. Abschnitt C.III.4.4.4). Vielmehr sind die bereits vorhandenen Effekte dieser Art abzubauen, damit sich dadurch das Gefälle bei Wohlstand und wirtschaftlicher Entwicklung zwischen den Regionen nicht erhöht, sondern verringert, wodurch ein Beitrag zu einer ausgeglichenen räumlichen Wirtschaftsstruktur geleistet werden könnte.

E. Zusammenfassung und Schlußbetrachtung

1. Ziel der vorliegenden Arbeit war es, Faktoren aus dem Bereich der finanziellen Infrastruktur zu untersuchen, die Einfluß auf die wirtschaftliche Entwicklung nehmen. Damit sollte zugleich die Aufmerksamkeit auf ein wichtiges Teilgebiet der wirtschaftlichen Wirklichkeit und speziell der Infrastruktur gelenkt werden, das in der recht umfangreichen Literatur über Entwicklungsländer bisher zu kurz gekommen ist. Dies erscheint auch deshalb notwendig, weil hierüber wenig neuere deutschsprachige Literatur existiert.
2. In der Einleitung erfolgte eine Definition des Untersuchungsgegenstands sowie eine ausführlichere Beschreibung dessen, was zur „finanziellen Infrastruktur" zu zählen ist. Dabei wurden eine Reihe von Erklärungsansätzen für Armut und Unterentwicklung angesprochen.
3. Um die Bedeutung der finanziellen Infrastruktur für die wirtschaftliche Entwicklung zu unterstreichen, wurde danach vor allem auf zwei wichtige Aufgaben eingegangen, die in Entwicklungsländern häufig unbefriedigend erfüllt werden. Dabei geht es einmal um die Monetisierung, d. h. die Einführung des Geldes mit seinen Funktionen. Zum anderen handelt es sich um die Sachkapitalbildung, welche durch die finanzielle Infrastruktur wesentlich erleichtert wird, indem Ersparnisse in Geldanlagen gebildet und durch die finanzielle Infrastruktur (Transformationsfunktion) an Unternehmen (oder den Staat) vermittelt werden. Dadurch können Investitionen auf Kreditbasis durchgeführt werden. All dies verbessert die Funktionsfähigkeit einer Volkswirtschaft und trägt zur Produktivitätssteigerung bei.
4. Ein wesentliches Merkmal der Entwicklungsländer ist der „Dualismus", worunter man jede Art von Zweigleisigkeit eines Gesellschaftssystems verstehen kann. Der Begriff läßt sich auch auf ökonomische Strukturen übertragen, und man findet in fast allen Ländern der Dritten Welt den Dualismus auch in der finanziellen Infrastruktur, d. h. man kann in einen modernen offiziellen Teil und eine inoffizielle (traditionelle) finanzielle Infrastruktur unterscheiden. Letztere ist meist in den ländlich-subsistenzwirtschaftlichen Regionen anzutreffen und hat kaum Verbindung zum modernen Sektor.

5. Eine Erscheinungsform des wirtschaftlichen Dualismus in Entwicklungsländern sind deutliche regionale Gefälle in der wirtschaftlichen Entwicklung und damit im Wohlstand. Diese Diskrepanz, die sich im Laufe der Zeit häufig noch vergrößert hat, kann zu unerwünschten Folgen führen. So kam es beispielsweise nicht zuletzt aus diesen Gründen zum Auseinanderbrechen des Staates Pakistan in das heutige Pakistan und Bangladesh. Da es eine Reihe von Untersuchungen gibt, die sich mit den globalen Zusammenhängen zwischen einzelnen Teilen der finanziellen Infrastruktur und der wirtschaftlichen Entwicklung beschäftigen, aber kaum eine Analyse über deren räumliche Effekte, erschien es notwendig, diesen Dingen einmal nachzugehen.
6. Zu den räumlichen Effekten der finanziellen Infrastruktur wurden zunächst einige theoretische Überlegungen angestellt. Dies betrifft vor allem den Ausbau des Filialnetzes der Banken und die Kreditvergabe. Das Geld- und Kreditwesen, besonders die privaten Geschäftsbanken, lassen sich bei ihrem Aktiv- und Passivgeschäft von Rentabilitätserwägungen leiten. Bei ihrem legitimen Streben nach möglichst hohen Gewinnen werden sie in solchen Gebieten keine Zweigstellen errichten, in denen sie mit Verlusten rechnen müssen, selbst wenn dies entwicklungspolitisch durchaus nützlich wäre, weil etwa der umständliche Realtausch durch eine fortschreitende Monetisierung zurückgedrängt würde oder weil durch Einlagen und Kredite effizientere Investitionen möglich würden, die zu wirtschaftlicher Entwicklung und Wohlstand führen.
7. Auch die einzelwirtschaftliche Kreditvergabe geht unabhängig von gesamtwirtschaftlichen Überlegungen und regionalpolitischen Zielen dahin, wo der größte Ertrag unter Berücksichtigung des Risikos zu erwarten ist. In dualen Volkswirtschaften mit subsistenzwirtschaftlichen Räumen haben die entwickelteren Gebiete, insbesondere die Zentren, einen Entwicklungsvorsprung. Sie verfügen über die bessere allgemeine Infrastruktur, können auf größere Erfahrungen bei Produktion und Absatz zurückblicken und haben die größere wirtschaftliche und politische Macht. In weniger entwickelten Regionen sind dagegen bei neuen Projekten Ertrag und Risiko meistens schwer abzuschätzen, es gibt nicht die erforderlichen finanziellen Eigenmittel sowie die geeigneten Facharbeiter und Unternehmer mit überregionalen und internationalen Verbindungen. Dies führt dazu, daß die am Gewinn interessierten Geschäftsbanken eher in die bereits wirtschaftlich entwickelteren Gebiete Kredite vergeben.
8. Zur Stützung der theoretischen Überlegungen sollten empirische Untersuchungen beitragen. Dabei erwies sich die Beschaffung der Daten als

außerordentlich schwierig, zumal diese auch noch regional gegliedert sein mußten. Die Untersuchungen konzentrieren sich auf Indien, wobei zuvor einige grobe zahlenmäßige Anhaltspunkte über die Entwicklung in West- und Ostpakistan vor der Sezession ermittelt werden konnten.

9. Vor der eigentlichen empirischen Untersuchung über räumliche Effekte der finanziellen Infrastruktur in Indien wurden die allgemeinen sozialen und ökonomischen Verhältnisse umrissen. Von den vielen interessanten Punkten, die dabei angesprochen wurden, war das unterschiedliche Wachstum in den verschiedenen Regionen besonders wichtig. Es hat sich gezeigt, daß – von wenigen Ausnahmen abgesehen – der Abstand der reicheren zu den ärmeren Regionen Indiens absolut und relativ zugenommen hat.

10. Ferner wurde das indische Bankensystem skizziert, wobei besonders auf die Geschäftsbanken als dem – neben der Zentralbank – wichtigsten Teil der offiziellen finanziellen Infrastruktur eingegangen wurde. Da von den Geschäftsbanken auf die sog. „Scheduled Commercial Banks" heute über 99 % der Bankstellen entfallen, wurde beim weiteren Vorgehen nur noch auf diese abgehoben.

11. Vor der Untersuchung von Einlagen und Krediten der Geschäftsbanken wurde das Augenmerk zunächst auf die Bankstellen gerichtet. Es hat sich das erwartete Ergebnis gezeigt. Die Bankstellendichte ist dort am größten, wo der Wohlstand am höchsten ist. In der zeitlichen Entwicklung hat sich an diesem Bild trotz erklärter Absicht nach den Verstaatlichungsmaßnahmen wenig geändert. Zwar ist die Zahl der Zweigstellen insgesamt deutlich gestiegen. Dabei kam es aber nicht zu einem Abbau des Gefälles zwischen armen und reichen Regionen. Die Regressionsanalysen lassen vielmehr den Schluß zu, daß sich die Situation der ärmeren Regionen relativ gesehen sogar verschlechtert hat, auch wenn die Zahl der Zweigstellen dort in absoluten Zahlen durchaus gestiegen ist. In den wohlhabenderen Regionen hat sie eben erheblich stärker zugenommen.

12. Auch die Betrachtung von Einlagen und Krediten führte zu einem der Hypothese entsprechenden Ergebnis: Einlagen und Kredite (pro Kopf) sind um so größer, je höher Wohlstand und wirtschaftliche Entwicklung sind. In der zeitlichen Entwicklung zeigte sich, daß die Einlagen in den reicheren Gebieten mit Erhöhung des Wohlstands deutlich zugenommen haben. Bei den Krediten konnten die reicheren Regionen relativ zu den ärmeren sogar sehr viel mehr „beanspruchen", als dies in den Jahren zuvor noch der Fall gewesen war.

13. Einen weitergehenden Aufschluß lieferte die Bildung von Quotienten zwischen Krediten und Einlagen für ganz Indien und die einzelnen Gliedstaaten. Aus ihnen läßt sich entnehmen, wieviel Prozent der Einlagen als Kredite in der jeweiligen Region vergeben wurden. Es stellte sich heraus, daß der Kredit-Einlage-Quotient um so größer ist, je höher das NSP pro Kopf ist. Die wohlhabenderen Landesteile erhielten danach nicht nur relativ hohe, ihren Einlagen entsprechende Kredite, was schon eine das Gefälle verstärkende Wirkung gehabt hätte. Die über dem Landesdurchschnitt liegenden Quotienten bedeuten, daß die entwickelteren Regionen von den weniger entwickelten Gebieten „profitiert" haben. Dies kommt einer „Entwicklungshilfe" der armen an die reichen Gliedstaaten gleich, die sich auf diese Weise eine überdurchschnittliche kreditfinanzierte Sachkapitalbildung „leisten".

14. Alarmierend an diesem Ergebnis ist nicht nur die Tatsache als solche, sondern auch das quantitative Ausmaß. Dazu wurden zwei Fiktionen einer „neutralen Kreditvergabe" definiert. Nach der ersten Fiktion gilt als „neutrales Kreditvolumen" dasjenige, welches man auf der Basis der Einlagen in jedem Gliedstaat mit Hilfe des landesweiten durchschnittlichen Kredit-Einlage-Quotienten errechnen kann. Das heißt, die reichen Gliedstaaten mit hohen Einlagen hätten durchaus „Anspruch" auf ein entsprechend hohes Kreditvolumen, da sie auch vergleichsweise hohe Einlagen gebildet haben. Die zweite Fiktion nahm als „neutrale Kreditvergabe" einfach den durchschnittlichen Kredit pro Kopf für ganz Indien als Basis, woraus sich über die Bevölkerungszahl das zu beanspruchende fiktive Kreditvolumen für jede Region errechnete.

15. Bildet man die Differenz zwischen dem fiktiven und dem tatsächlich beanspruchten Kreditvolumen, erhält man nach beiden Fiktionen i. a. in den entwickelteren Gliedstaaten einen positiven und in den subsistenzwirtschaftlichen Regionen einen negativen Wert. Das bedeutet, erstere bekommen nach diesen Fiktionen zuviel, letztere zuwenig Kredite. Diese Beträge wurden als „expansive bzw. kontraktive räumliche Effekte" des Geld- und Kreditwesens bezeichnet. Sie sind in manchen Gebieten beträchtlich und stellen häufig ein Vielfaches des tatsächlichen Kreditvolumens dar.

16. Als wichtigste Ursache für die expansiven und kontraktiven monetären Effekte kann man das Gefälle in der wirtschaftlichen Entwicklung und Leistungsfähigkeit sehen, das es den entwickelteren Regionen ermöglicht, Kreditpotential aus den subsistenzwirtschaftlichen Regionen zu „saugen". Mit diesem überdurchschnittlichen Kreditvolumen werden zusätzliche kreditfinanzierte Investitionen möglich, wodurch sich der

Entwicklungsvorsprung der reicheren Gliedstaaten weiter vergrößert. Ursache und Wirkung ergeben zusammen einen „circulus vitiosus", der für die ländlich-subsistenzwirtschaftlichen Regionen einen „Teufelskreis der Armut" bedeutet. Man könnte analog vielleicht sogar von einem „crowding out" sprechen, wie in der Diskussion um die Verdrängung von Unternehmen durch den Staat auf den Geld- und Kreditmärkten bei der Kreditaufnahme.

17. Um das Bild abzurunden, wurden auch die Poststellen Indiens betrachtet. Es zeigte sich, daß die Zahl der Konten mit zunehmendem Wohlstand steigt. Die Betrachtung der durchschnittlichen Postspareinlage pro Kopf der Bevölkerung bestätigte wiederum die Hypothese, je höher das NSP pro Kopf, um so höher sind die Einlagen. Bei der Verwendung dieser Mittel ist darauf zu achten, daß sie nicht vorzugsweise in die entwikkelten Gebiete und Zentren fließen, was möglicherweise derzeit der Fall ist.

18. Schließlich wurde die räumliche Verteilung der Entwicklungshilfe am Beispiel der Entwicklungshilfedarlehen durch die Kreditanstalt für Wiederaufbau an Indien untersucht. Das Ergebnis war mittlerweile nicht mehr überraschend. Sogar bei dieser Entwicklungshilfe, die nun gerade nicht auf die wirtschaftliche Leistungsfähigkeit einer Region achten sollte, waren die gewährten Darlehen um so größer, je weiter der Wohlstand und die wirtschaftliche Entwicklung fortgeschritten waren.

19. Nach Erörterung wichtiger Teile der offiziellen finanziellen Infrastruktur wurde auch der inoffizielle Teil betrachtet, der gerade in Entwicklungsländern häufig einen recht beachtlichen Anteil ausmacht. Es wurden die Merkmale sowie die Vor- und Nachteile dieses Bereichs erörtert. Die Betrachtungen führten zu dem Ergebnis, daß zur Vermeidung der beachtlichen Nachteile dieses Sektors eine Austrocknung bzw. Überführung in die offizielle finanzielle Infrastruktur notwendig erscheint. Dabei sind neue unerwünschte Wirkungen durch geeignete Maßnahmen zu vermeiden, so die negativen räumlichen Effekte, die durch die offiziellen Geschäftsbanken auftreten können. Denn solche Effekte kommen etwa bei den Indigenous Bankers Indiens kaum vor, da diese kleine Gebiete versorgen und selten überregionale Kreditgeschäfte betreiben.

20. Die Zentralbank ist innerhalb der finanziellen Infrastruktur das entscheidende Element bei der Durchsetzung wirtschaftspolitischer Maßnahmen in diesem Bereich. Auf eine Erörterung des Handlungsspielraums von Notenbanken oder der Geld- und Währungspolitik im allgemeinen wurde verzichtet. Dagegen schien es unumgänglich, auf das

Hauptziel der Notenbanken, die „Sicherung der Preisstabilität" einzugehen, da dessen Notwendigkeit für Entwicklungsländer häufig in Frage gestellt wird. Unter Abwägung theoretischer Überlegungen und vorliegender empirischer Analysen lautete das Ergebnis: Preisstabilität ist auch und gerade in -Entwicklungsländern eine wesentliche Voraussetzung für die wirtschaftliche Entwicklung.

21. Ferner wurden einige Aufgaben erörtert, die einen engen Bezug zu den Analysen der vorliegenden Arbeit haben und in Entwicklungsländern von großer Bedeutung sein können. Diese Aufgaben wurden unter der Überschrift „Förderungsfunktion der Zentralbank" zusammengefaßt.

22. Eine wichtige Aufgabe ist die Förderung des Ausbaus der finanziellen Infrastruktur. Die Notenbank kann dabei in Zusammenarbeit mit den Kreditinstituten eine übergreifende Planung unter Berücksichtigung entwicklungspolitischer Ziele übernehmen und die zu deren Verwirklichung erforderlichen Maßnahmen vorschlagen, durchführen und überwachen. Dabei ist zu überprüfen, inwieweit die Post in diese Konzeption eingefügt werden kann bzw. ob und wo der Auf- und Ausbau von Spezialkreditinstituten (Genossenschaftsbanken, Entwicklungsbanken u. ä.) zu fördern ist.

23. Die wirtschaftliche Entwicklung wird auch durch die Mobilisierung von Ersparnissen gefördert. Damit sind sämtliche Anstrengungen gemeint, welche die Einlagen im offiziellen Teil der finanziellen Infrastruktur erhöhen. Hier geht es vor allem um die Mobilisierung bereits existierender Ersparnisse, die bisher in Form von Geld und Sachgütern in unproduktiver Weise gehortet wurden. Ferner ist an eine Übertragung von Geldanlagen aus der inoffiziellen in die offizielle finanzielle Infrastruktur zu denken. Durch deren Ausbau, bei gleichzeitiger Entstehung von Wettbewerb auf den sich bildenden Geld- und Kreditmärkten, auch in den ländlich-subsistenzwirtschaftlichen Regionen, dürfte es, gegenüber den Konditionen der inoffiziellen Geldverleiher, zu günstigeren Einlage- und Kreditzinsen für die Sparer und Kreditnehmer kommen. In diesem Fall ist auf die Dauer eine Verdrängung der traditionellen Geldverleiher zu erwarten. Die günstigere Zinsstruktur könnte das Kreditangebot und die Kreditnachfrage erhöhen. Denn einmal dürften sich die gehorteten Geld- und Sachmittel verringern, wenn es attraktive Anlagemöglichkeiten gibt, zum zweiten könnte es zu einer „Übertragung" bereits vorhandener Geldanlagen aus dem inoffiziellen Teil der finanziellen Infrastruktur kommen. Durch ein höheres Kreditvolumen werden zusätzliche kreditfinanzierte Investitionen möglich, wodurch die wirtschaftliche Entwicklung gefördert wird.

24. Aufgabe der Zentralbank ist es dabei, den Wettbewerb auf den Geld- und Kreditmärkten herzustellen und zu erhalten. Während der Aufbauphase der finanziellen Infrastruktur oder wenn aus anderen Gründen kein Wettbewerb stattfindet, könnten diskretionäre Maßnahmen hilfreich sein, um eine annähernd marktmäßige Zinsstruktur zu schaffen. Flankierend hierzu müßte die Notenbank, im Zusammenwirken mit den Kreditinstituten, einfache Einlage- und Kreditformen entwikkeln, welche die bisherigen Gewohnheiten und Ausprägungen der inoffiziellen finanziellen Infrastruktur berücksichtigen und auch sonstigen landesspezifischen Traditionen und Besonderheiten Rechnung tragen.

25. Auch zur Bekämpfung unerwünschter regionaler Effekte dürfte die Zentralbank die geeignete Institution sein. Gemeint sind vor allem die expansiven und kontraktiven räumlichen Effekte, die es abzubauen gilt. Dabei sind zwei grundsätzlich verschiedene Wege möglich. Einmal könnte die Notenbank den Kreditinstituten vorschreiben, welche Anteile des gesamten Kreditvolumens auf die einzelnen Regionen entfallen, zum zweiten könnte die Zentralbank versuchen, durch eine Regionalisierung der politischen Instrumente dieses Ziel indirekt zu erreichen. Ob direkte oder indirekte Einflußnahme, es dürfte in jedem Fall zu erheblichen Kontrollproblemen kommen, besonders was die Kontrolle der privaten Kreditnehmer betrifft.

26. Im letzten Teil wurde, beispielhaft für die Zentralbank eines Entwicklungslandes, auf die Situation in Indien eingegangen.

Literaturverzeichnis

Adelmann, I./*Morris,* C. T., Performance Criteria for Evaluating Economic Development Potential: An Operational Approach, in: Quarterly Journal of Economics, Vol. 92/1968.

Basseler, U./*Heinrich,* J./*Koch,* W., Grundlagen und Probleme der Wirtschaft, Köln 1978.

Berger, S./*Piore,* M. J., Dualism and Discontinuity in Industrial Societies, New York/Melbourne/Sydney 1980.

Bhatt, V. V., Some Aspects of Financial Policies and Central Banking in Developing Countries, in: Coats, W. L./Khathkate, D. R (Hrsg.), Money and Monetary Policy in Less Developed Countries: A Survey of Issues and Evidence, Oxford u. a. 1980.

Boeke, J. J., Economic and Policy of Dual Societies, New York 1953.

— Village Reconstruction, in: Wertheim, W. F. (Hrsg.), Indonesian Economics, The Concept of Dualism in Theory and Policy, Selected Studies on Indonesian by Dutch Scholars, The Hague 1961.

Borpujari, J. G., Production and Monetization in the Subsistence Sector, in: Coats, W. L./Khatkhate, D. R. (Hrsg.), Money and Monetary Policy in Less Developed Countries: A Survey of Issues and Evidence, Oxford u. a. 1980.

Bundesstelle für Außenhandelsinformation (BfA), Das Banksystem in Indien, Beilage zu den NfA, März 1978.

Caesar, R., Der Handlungsspielraum von Notenbanken, Baden-Baden 1981.

Cameron, R. E./*Crisp,* O./*Patrick,* H. T./*Tilly,* R., Banking in the Early of Industrialization, London 1967.

Chandavarka, A. G., How relevant is Finance for Development? in: Finance and Development, Vol. 10/1973.

Coats, W. L./*Khatkhate,* D. R. (Hrsg.), Money and Monetary Policy in Less Developed Countries: A Survey of Issues and Evidence, Oxford u. a. 1980.

Drake, P. J., Money, Finance and Development, Oxford 1980.

Duwendag, D. (Hrsg.), Macht und Ohnmacht der Bundesbank, Frankfurt 1973.

Duwendag, D., Anmerkungen zur geldpolitischen Strategie der Deutschen Bundesbank, in: Ehrlicher, W./Simmert, D. B. (Hrsg.), Geld- und Währungspolitik in der Bundesrepublik Deutschland, Berlin 1982.

— Das Geld und seine Aufgabe – Geldfunktionen, Geldmenge, Geldwert, in: Kloten, N./Stein, J. H. von (Hrsg.), Geld-, Bank- und Börsenwesen, 37. Aufl., Stuttgart 1982.

Ehrlicher, W., Zukunftsprobleme unserer Wirtschaft, in: Kredit und Kapital 1/1981.

Ehrlicher, W./*Oberhauser,* A. (Hrsg.), Probleme der Geldmengensteuerung, Berlin 1978.

Ehrlicher, W./*Simmert,* D. B. (Hrsg.), Geld- und Währungspolitik in der Bundesrepublik Deutschland, Berlin 1982.

Fakhruddin, A. A., damaliger Staatspräsident von Indien, Ansprache anläßlich der 25-Jahr-Feier der United Bank of India am 25. 11. 1975 in Kalkutta.

Fischer, B., Hochzinspolitik, Inflation und wirtschaftliches Wachstum in Entwicklungsländern, in: Weltwirtschaftliches Archiv, Band 116, Heft 3/1980.

— Liberalisierung der Finanzmärkte und wirtschaftliches Wachstum in Entwicklungsländern, Tübingen 1982.

Fischer, W. E., Die Grenzen des Instruments Entwicklungsbank, in: Entwicklung und Zusammenarbeit 5/1983.

Frobenius, S., Der Kapitalmarkt kann nicht länger nach eigenen Spielregeln arbeiten, in: Handelsblatt v. 4. 6. 1980.

Furstenberg, G. M. von, Zweistellige Inflationsraten: Eine kostspieliege Steuer für die Dritte Welt, in: Finanzierung & Entwicklung 3/1980.

Galbraith, J. K., Die Arroganz der Satten, Bern/München 1979.

Geiger, H., Rede anläßlich eines Symposiums des Deutschen Sparkassenverbends in Zusammenarbeit mit dem Internationalen Institut der Sparkassen in Genf für Aus- und Fortbildungsfragen der Sparkassen in afrikanischen und asiatischen Entwicklungsländern (das Symposium fand vom 19. bis 21. Mai 1981 in Bonn statt), gekürzter Abdruck im Handelsblatt vom 18. 5. 1981, S. 8.

Geis, H.-G., Die Geld- und Banksysteme der Staaten Westafrikas, München 1967.

— Die Rolle der finanziellen Infrastruktur bei der Kapitalbildung, Einige Ergänzungen, in: Priebe, H. (Hrsg.), Eigenfinanzierung der Entwicklung, Berlin 1975.

Ghatak, S., Monetary Economics in Developing Countries, London/Basingstoke 1981.

Goldsmith, R. W., Financial Structure and Development, New Haven/London 1969.

Government of Pakistan, Central Statistical Office, Monthly Statistical Bulletins, Ministry of Finance, Pakistan Economic Survey, Planning Commission, Reports of the Advisory Panels for the Fourth Five Year Plan (1970–75), Islamabad 1970.

Grimm, K., Theorien der Unterentwicklung und Entwicklungsstrategien, Opladen 1979.

Hammel, W., Die Rolle der finanziellen Infrastruktur bei der Kapitalbildung, in: Priebe, H. (Hrsg.), Eigenfinanzierung der Entwicklung, Berlin 1975.

Hasan, K. S., Struktur ausländischer Banksysteme: Indien, Frankfurt 1973.

Hemmer, H.-R., Wirtschaftsprobleme der Entwicklungsländer, München 1978.

Hesse, H./*Sautter,* H., Entwicklungstheorie und -politik, Band I, Entwicklungstheorie, Tübingen 1977.

Higgins, B., Economic Development, Principles, Problems and Policies, Revised Edition, London 1968.

Hirschman, A. O., The Strategy of Economic Development, New Haven 1958.

Holub, H.-W., Zur Kritik des Bruttosozialprodukts als Wohlstandsindikator, in: Wirtschaftswissenschaftliches Studium (WiSt), Heft 2/1974.

Informationsdienst des Instituts der deutschen Wirtschaft 1981/41.

International Monetary Fund, A Manual on Government Finance Statistics, Washington 1974.

Ketterer, K.-H./Kloten, N., Geldversorgung und Notenbankpolitik, in: Kloten, N./Stein, J. H. von (Hrsg.), Geld-, Bank- und Börsenwesen, 37. Aufl., Stuttgart 1982.

Kim, K.-S., Möglichkeiten der Zentralbankpolitik in Entwicklungsländern, dargestellt am Beispiel der Republik Korea, Berlin 1980 (Dissertation).

Kloten, N./*Stein*, J. H. von (Hrsg.), Geld-, Bank- und Börsenwesen, 37. Auflage, Stuttgart 1982.

Kreditanstalt für Wiederaufbau (KfW), Aktenstudium über die Anlagegüterdarlehen an Indien von 1977–1981.

Leipert, Chr., Unzulänglichkeiten des Sozialprodukts in seiner Eigenschaft als Wohlstandsmaß, Tübingen 1975.

Mandapathil, M., Das indische Bankensystem, Entwicklung und Struktur des Kreditwesens in einem Entwicklungsland, München 1978 (Dissertation).

Manorma Yearbook, Kerala 1980.

Mantilla, J. L., Fördern Kredite die ländliche Armut? in: Entwicklung und Zusammenarbeit 1/1982.

McKinnon, R. J., Money and Capital in Economic Development, Washington 1973.

Myrdal, G., Ökonomische Theorie und unterentwickelte Regionen, Stuttgart 1959.

Ostasiatischer Verein e. V., Ostasien, Südasien, Südostasien, Wirtschaft 1980, Hamburg 1980.

Patrick, H. T., Financial Development and Economic Growth in Underdeveloped Countries, in: Coats, W. L./Khatkhate, D. R. (Hrsg.), Money and Monetary Policy in Less Developed Countries: A Survey of Issues and Evidence, Oxford u. a. 1980.

Pöhl, K. O., Rede vor dem Deutschen Sparkassentag 1983 in Frankfurt am 27. April 1983, in: Deutsche Bundesbank, Auszüge aus Presseartikeln, Frankfurt 1983/41.

Reserve Bank of India, History of the Reserve Bank of India 1935–1951, Bombay 1970.

— Statistical Tables relating to Banks in India, Bombay 1961–1982.

Rudloff, M., Economic monétaire nationale et developpement, Paris 1969.

Schlesinger, H., Geldpolitik und Kapitalmarkt, in: Der langfristige Kredit, Heft 23/1979.

Schmidt, P.-G., Das Welttextilabkommen - Hydra des Protektionismus? in: Wirtschaftsdienst 1981/IX.

Scholling, E., Zur mehrdimensionalen Messung des wirtschaftlichen Entwicklungsstandes, in: KYKLOS, Vol. 35/1982.

Shaw, E. S., Financial Deepening in Economic Development. in: Economic Development Series, New York 1973.

Simha, S. L. N., Reform of the Indian Banking System, Bombay/Madras 1973.

Simonis, U. E. (Hrsg.), Infrastruktur, Gütersloh 1977.

Spaetling, D., Die Beziehungen zwischen dem institutionellen Aufbau des Geld- und Kreditsystems und dem wirtschaftlichen Wachstum, Berlin 1966.

Statistisches Bundesamt, Länderkurzbericht Indien, Wiesbaden 1979.

Steinmann, B., Räumliche „backwash"- und „spread"-Effekte des Kreditsystems der Bundesrepublik Deutschland, in: Jochimsen/Simonis (Hrsg.), Theorie und Praxis der Infrastrukturpolitik, Berlin 1970.

Stobbe, A., Gesamtwirtschaftliche Theorie, Berlin u. a. 1975.

— Volkswirtschaftslehre I, Berlin u. a. 1980.

Stuart, B. C., Stabilitätspolitik in Portugal 1974–1978, in: Finanzierung & Entwicklung 3/1981.

Subramanyam, G., Money, Banking, International Trade and Public Finance, 3. Aufl., Sri Balaji Publishing Company, Cuttapah/Madras 1973.

Sundharam, K. P. M., Monetary Economics, Daryganj/Delhi 1970.

Thirwall, A. P., Inflation and the Daving Ratio across Countries: in: The Journal of Development Studies, Vol. 10, Nr. 2/1974.

Trilok, S. P., Money, Banking and Foreign Trade, Prakshan Kendra, Aminabad/Ludknow 1973.

Ullrich, G., Monetäre Wirtschaftspolitik in Entwicklungsländern und Weltwährungsordnung, Eine Untersuchung über Länder Schwarzafrikas, Göttingen 1979.

Urff, W. von/*Ahrens,* H./*Lutz,* P./*May,* B./*Zingel,* W.-P., Die wirtschaftliche Situation Pakistans nach der Sezession Bangladeshs, Wiesbaden 1974.

Walser, P., Volkswirtschaftliche Gesamtrechnung - Revision und Erweiterung, Zürich 1975 (Arbeitsunterlage der Kommission für wirtschaftlichen und sozialen Wandel).

Wolpert, St., A New History of India, New York 1977.

World Bank, Economic Situation and Prospects of India, Report No. 2933-IN, Washington 1980.

FSC
www.fsc.org
MIX
Papier | Fördert gute Waldnutzung
FSC® C083411

Kolibri 360 GmbH
Ferdinand-Jühlke-Straße 7
99095 Erfurt, Deutschland
produktsicherheit@kolibri360.de

Druck:
CPI Druckdienstleistungen GmbH
im Auftrag der
Kolibri 360 GmbH
Ferdinand-Jühlke-Str. 7
99095 Erfurt